PAUL EUDEL

L'ARTILLERIE NANTAISE

1870

PARIS   NANTES

F. TASSEL   V.-J. HÉRON

44, Rue Monge   10, Rue Dubois

1909

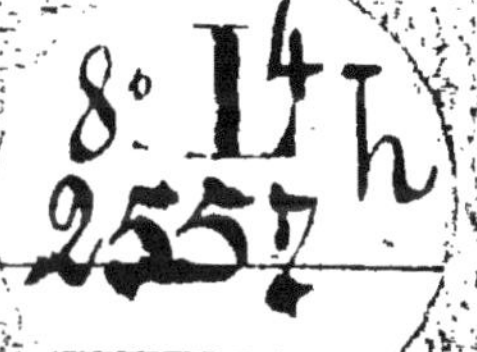

L'ARTILLERIE NANTAISE

1870

Ouvrages de Paul EUDEL

sur Nantes et la Bretagne

Pornic et Gourmalon, in-18, *Nantes, Schwob, 1884.*

Les Locutions Nantaises, in-18, *Nantes, E. Grimaud, 1885.*

Alexandre Legros, in-8, *Vannes, Lafolye, 1897.*

A travers la Bretagne, in-18, *Paris, Paul Ollendorff, 1898.*

Le Comité républicain de Nantes, 1870-1872, in-18, *Niort, Clouzot, 1903.*

Nantes en 1792, in-8, *Nantes, Bulletin de la Société archéologique, 1909.*

Le vieux Lycée de Nantes, in-8, *Nantes, Livre d'or du Lycée, 1909.*

Figures Nantaises, in-12, *Rennes, Breton de Paris, 1909.*

PAUL EUDEL

L'ARTILLERIE NANTAISE

1870

PARIS	NANTES
F. Tassel	V.-J. Heron
44, Rue Monge	10, Rue Dubois

1909

Tous droits réservés

Tirage à 100 exemplaires

CHAPITRE PREMIER

La Garde Nationale de Nantes en Novembre 1870.—
Projet de création d'une artillerie nantaise —
Les premiers organisateurs — Mauvais vouloir
du préfet Guépin — Autorisation du général de
Kératry — Première réunion du Comité d'or-
ganisation (1-27 Novembre 1870).

La nouvelle de la capitulation de Bazaine arriva
à Nantes le dimanche 30 octobre. Ce fut une cons-
ternation générale. La veille encore, dans une réunion publique au Grand-Théâtre, Edouard Normand, président du Comité républicain, prophétisait
l'anéantissement des armées de Guillaume, et voilà
que l'ennemi entrait à Metz la Pucelle, tambours
battants, enseignes déployées, faisant prisonniers
3 maréchaux, 50 généraux, 6.000 officiers, 173.000
hommes, 400 pièces d'artillerie et 100 mitrailleuses !

Le premier moment de stupeur passé, la défense
locale s'organisa.

Dès l'annonce des premiers revers, la Garde nationale de Nantes avait été mise sur pied. Ses 12.000 hommes bien armés, bien équipés, formaient une force suffisante pour assurer la protestation de la grande ville bretonne. Mais déjà le décret du 29 septembre avait mobilisé dans cette garde sédentaire tous les hommes de 21 à 40 ans non mariés ou veufs sans enfants. Une partie de ce contingent avait rejoint l'Armée de la Loire, diminuant d'autant le nombre des défenseurs de Nantes.

Le 2 novembre, le Gouvernement de la Défense Nationale fit afficher le décret qui supprimait les exemptions :

« Considérant que la patrie est en danger, que tous les citoyens se doivent à son salut ; que ce devoir n'a jamais été ni plus pressant ni plus sacré que dans les circonstances présentes.

« Décrète :

« Article 1er. — Tous les hommes valides de 21 à 40 ans, mariés ou veufs sans enfants, sont mobilisés ».

C'était la levée en masse. D'une milice de citoyens, le décret formait un corps régulier qui allait être appelé d'un jour à l'autre à entrer en campagne. Nantes pouvait être fière de son premier maire républicain Waldeck-Rousseau, qui, en frappant du pied le sol de la patrie, en avait fait surgir une armée.

Certes, l'œuvre accomplie tenait du miracle. Les

défenseurs étaient là, armés, équipés, exercés, prêts à partir si l'ennemi, coupant la France en diagionale, venait menacer les arsenaux et les magasins inépuisables de Nantes. Mais tout n'était pas fini. La tâche restait incomplète, tant que la Garde nationale mobilisée et la Garde nationale sédentaire ne seraient pas pourvus d'artillerie.

Les ressources en canons et en munitions ne manquaient pas à Nantes. Ses arsenaux fournissaient des armes à toute la France. L'usine Voruz fondait sans trève des canons, sous la direction du colonel Reffyé, l'inventeur des mitrailleuses. La cartoucherie Goupillat chargeait des milliers d'obus et confectionnait des munitions de guerre de tous calibres. Les engins étaient tout prêts. Il ne manquait que les artilleurs.

Pendant ces jours d'épreuve, les autorités civiles et militaires n'étaient pas seules à rivaliser de patriotisme et de dévouement. L'imminence du danger, la gravité de l'heure présente haussait les courages, enflammait les cœurs, faisait surgir de nobles initiatives individuelles. De simples citoyens, poussés par l'ardeur de leur libéralisme et l'amour de la patrie, s'érigeaient en Comité, dictant aux autorités municipales, aux représentants du gouvernement, au gouvernement lui-même, des mesures quelquefois hâtives et peu réfléchies, mais toujours empreintes d'un généreux patriotisme. Le Comité républicain de Nantes tenait la tête du mouvement de défense locale.

J'étais alors son secrétaire général et je songeai le premier à pourvoir la Garde nationale d'artillerie.

Depuis longtemps l'idée m'était venue de compléter l'armement de la Garde Nationale de Nantes avec un corps d'artilleurs. J'avais suivi avec intérêt l'installation de batteries à Bordeaux, au Hâvre, à Angers, dans bien d'autres villes. J'avais vu avec peine que Nantes, cette grande cité qui avait jusqu'alors tout mis en œuvre pour la défense nationale, n'avait rien fait pour organiser l'élément indispensable de la défense locale.

Les décrets du Gouvernement qui suivirent la reddition de Metz, vinrent encore affermir mes résolutions et m'engager à faire passer mon projet de la théorie à la pratique.

Le 3 Novembre, Gambetta venait d'ordonner l'organisation immédiate de batteries de campagne dans tous les départements de la République :

« Le membre du gouvernement de la défense nationale, ministre de l'intérieur et de la guerre.

« En vertu des pouvoirs à lui délégués par le gouvernement par décret en date à Paris du 1er octobre 1870 ;

« Considérant qu'il importe de relever notre artillerie de l'infériorité numérique dans laquelle elle se trouve vis à vis de l'ennemi ;

« Vu les demandes formées par plusieurs départements, desquelles il résulte que l'industrie privée offre à cet égard des ressources qui peuvent être utilisées.

« Décrète :

« Art. 1er. — Chacun des départements de la République est tenu de mettre sur pied, dans le délai de *deux mois*, autant de batteries de campagne que sa population renferme de fois cent mille âmes. Ces batteries seront montées, équipées et pourvues de tout leur matériel et personnel, y compris les officiers, plus un chef d'escadron par trois batteries.

« La première batterie, dans chaque département, devra être prête dans le délai *d'un mois*.

« Art. 2. — Les dites batteries sont établies aux frais du département et à la diligence du préfet, qui jouira à cet effet de tous droits de réquisition nécessaires.

« Avant d'être mises en service, elles devront être présentées à l'autorité militaire du département qui s'assurera que les pièces sont en état de marcher, et délivrera un certificat en conséquence, dans le déblai de *trois jours* à partir de la date de la présentation.

« Art. 3. — L'Etat se réserve la faculté de disposer des batteries ainsi formées. En ce cas il remboursera le montant de la dépense au département.

« Les batteries restant à la disposition du département font partie de droit des forces constituées au moyen des gardes nationales du département.

« Fait à Tours, le 3 Novembre 1870.

« Le membre du gouvernement, ministre de l'intérieur et de la guerre.

Léon GAMBETTA. »

Le moment était donc bien choisi pour organiser dans la garde nationale sédentaire et mobilisable, les batteries que le gouvernement venait de prescrire dans la garde mobile. C'était aller au devant des intentions du ministre de la Défense nationale.

Je m'ouvris de mon projet à quelques amis, dévoués comme moi à la défense du pays. Dès les premiers jours de novembre un comité d'action fut organisé pour obtenir la formation de l'artillerie dans la garde nationale.

Le bureau se composait de l'avoué Julien Labruyère, futur secrétaire adjoint du Comité républicain, nature ouverte, généreuse, prête à la lutte, qui accepta les fonctions provisoires de président. Les assesseurs furent Gaston Roy, ancien élève de l'Ecole Polytechnique et moi ; le secrétaire Edouard Corhumel, armateur, membre du Comité républicain, et le trésorier Emile Boutin.

Le temps pressait, il fallait agir sans retard. Une délégation composée de J. Labruyère, E. Boutin, E. Corhumel, G. Chevalier, Arsène Béatrix Habrioux et moi, fut chargée de faire, auprès de qui de droit, les démarches nécessaires à la réalisation du projet.

Le préfet de la Défense nationale était alors le docteur Guépin, vétéran de la démocratie nantaise, ancien commissaire de la République en 1848, esprit très fort et très délié, quelque peu méfiant envers la haute bourgeoisie, d'opinions modérées, qui avait naguère soutenu contre lui la candidature de Prévôt-Paradol. Il reçut très aimablement les délégués du Comité, les félicita chaudement de leur généreuse initiative, mais le Comité d'organisation dût se contenter de cette eau bénite de cour. « Le préfet avait avant tout le devoir d'assurer le bon fonctionnement de la Défense nationale ; un projet comme celui qu'on lui soumettait, patronné par des personnalités très connues et justement estimées de leurs concitoyens, ne pouvait manquer de rallier l'élite de la Garde nationale. Les cadres se trouveraient privés de leurs meilleurs sujets, les plus intelligents, les plus dévoués, les plus nécessaires à la Défense. Il ne pouvait, en ce qui les concernait, approuver un triage de ce genre, provoquer la formation d'un corps d'élite, aux dépens de la Garde nationale qui embrassait l'universalité des citoyens, unis dans le même amour de la patrie. » Et toujours souriant, toujours complimenteur, il reconduisit les délégués qui s'en allèrent comme ils étaient venus sans emporter l'autorisation désirée.

Cette première difficulté n'arrêta pas mes amis. Ils tentèrent une autre démarche — cette fois auprès du maire Waldeck-Rousseau, qui déclara que, devant le décret de mobilisation des hommes mariés, il ne pouvait rien prendre sur lui.

Nouvel échec qui ne découragea pas plus les délégués que le premier. Bien d'autres cependant auraient renoncé à poursuivre leur route, mais ils sentaient qu'ils travaillaient au salut de la patrie ; ils marchèrent résolument de l'avant.

Le général de Kératry, parti de Paris en ballon, venait d'être nommé par Gambetta au commandement en chef de l'armée de Bretagne. Le 1ᵉʳ novembre, il était arrivé à Nantes passer en revue les Gardes nationales sédentaires, les légions mobilisées, les corps de volontaires, devant une foule immense qui avait acclamé les défenseurs nantais, défilant crânement, sac au dos, gourde au côté, la tente attachée au havre-sac, la cartouchière à la ceinture. Le soir, le général avait accepté l'invitation du Comité républicain, et au Grand-Théâtre, devant une salle absolument comble, il avait fait appel au patriotisme breton. Bien plus, pour donner de nouveaux gages de ses sentiments républicains, au Camp de Conlie, où il concentrait les forces mobilisées de la Bretagne, il avait choisi comme chef d'état-major, un rédacteur du *Phare de la Loire*, membre du Comité républicain, le colonel Charles Mengin.

C'est au général de Kératry que le Comité d'organisation résolut de demander l'autorisation que ni le préfet, ni le maire de Nantes n'avaient voulu ni peut-être pu donner. Une lettre pressante fut adressée à Waldeck-Rousseau, pour lui demander de transmettre la requête des initiateurs au Commandant en chef des forces de la Bretagne.

« *Nantes, le 8 novembre 1870.*

« Monsieur le Maire,

« Les soussignés délégués d'un groupe de Gardes
« Nationaux mariés mobilisés, ont l'honneur de
« solliciter de votre bienveillance l'autorisation
« d'organiser dans leur catégorie de mobilisation
« une Compagnie d'Artillerie.

« Ils offrent de s'équiper et de s'armer à leurs
« frais, et, en outre, d'ouvrir des souscriptions et
« faire des conférences pour l'achat des canons et
« du matériel nécessaire ; pour ces souscriptions

« et conférences, le concours du *Phare de la Loire*
« et du Comité républicain leur est assuré, ainsi
« que celui de nombreux amis.

« Leur appel prochain sous les drapeaux rend
« nécessaire une prompte organisation de l'artil-
« lerie dans la classe à laquelle ils appartiennent
« et avec laquelle ils veulent partir, car l'organisa-
« tion de cette arme spéciale demande plus de
« temps et veut être commencée plutôt que celle
« de l'infanterie.

« Aucune pensée d'établir dans la Garde natio-
« nale de distinctions sociales ne les guide, car ils
« obéissent tous à des sentiments républicains et
« égalitaires, et ils n'ont qu'une pensée, celle de
« rendre le plus de service qu'ils pourront dans la
« défense du pays à laquelle ils sont appelés à
« concourir.

« Ils espèrent donc, Monsieur le Maire, que vous
« voudrez bien accueillir favorablement leur
« demande, la transmettre et même l'appuyer
« auprès du général de Kératry ; ils vous seront
« profondément reconnaissants.

« Les soussignés ont l'honneur d'être, Monsieur
« le Maire, vos très dévoués serviteurs.

« Signé : Paul Eudel, Labruyère. Boutin,
Corhumel, Chevallier, Habrioux. »

La réponse du général de Kératry se fit un peu
attendre. Un nouveau décret du Gouvernement de
la Défense nationale venait d'être promulgué,
réglant l'ordre de la mobilisation dans la Garde
nationale. Les citoyens mobilisés par le décret du

29 septembre, c'est-à-dire les célibataires et les veufs sans enfants, formaient le premier ban. Les autres, mariés ou veufs avec enfants, visés par le décret du 2 novembre constituaient le second ban, subdivisé en trois autres : le premier, comprenant les hommes de 21 à 30 ans ; le second, les hommes de 30 à 35 ans ; le troisième, ceux de 35 à 40 ans. Les bans devaient être successivement appelés et mis à la disposition du Ministre de la Guerre.

De Kératry s'inspira de ce décret dans sa réponse au Comité d'organisation ;

« Camp de Conlie, le 15 novembre 1870.

« Monsieur le Maire,

« En réponse à votre lettre du 10 novembre, j'autorise les Gardes Nationaux qui vous en ont fait la demande, à former une Compagnie d'Artillerie.

« Il reste bien entendu qu'elle sera prise dans les rangs des mobilisés appartenant au 3e ban, ainsi que vous me l'indiquez.

« Veuillez noter de plus que je ne la recevrai au Camp de Conlie que lorsque son organisation sera complètement terminée, pas autrement, mais ne tardez pas trop, car je serais obligé d'appeler mes mobilisés.

« Veuillez agréer l'assurance de mes meilleurs sentiments.

« *Le Général commandant en chef,*

« Signé : Comte DE KÉRATRY. »

Quelques jours plus tard, le maire me faisait parvenir cette lettre :

                        « *Nantes, le 21 novembre 1870.*

        « Monsieur,

« J'ai l'honneur de vous remettre sous ce pli copie de la réponse de M. le général de Kératry à votre demande de formation d'une batterie d'artillerie.

« Je vous serais obligé de m'informer des suites que vous pourrez donner à votre projet, et vous prie, Monsieur, d'agréer l'assurance de ma considération distinguée.

                « Signé : *le Maire,*

                    « G. GOULLIN, *adjoint.* »

L'autorisation était accordée. Elle l'était même dans des termes qui dépassaient les espérances patriotiques des organisateurs, car le général de Kératry ne cachait pas son intention d'appeler le plus tôt possible la nouvelle artillerie au Camp de Conlie. Cette perspective d'une mobilisation imminente allait apporter bien des obstacles aux efforts du Comité.

Le dimanche 27 novembre, à huit heures du soir, les organisateurs de la Compagnie d'artillerie nantaise, convoqués régulièrement, se réunirent dans les bureaux de Paul Eudel, pour délibérer sur l'autorisation qui venait de leur être donnée et sortir de la période préparatoire dans laquelle ils étaient restés jusqu'à ce jour.

A l'ouverture de la séance, sur ma proposition

et pour diriger le débat d'une manière régulière, la réunion constitua un bureau provisoire ainsi composé :

J. Labruyère, président ;

P. Eudel, assesseur ;

G. Roy, assesseur ;

E. Boutin, secrétaire ;

Ed. Corhumel, secrétaire adjoint et trésorier.

L'assemblée me remercia tout d'abord des efforts et de la persévérance qui m'avaient permis de surmonter, avec le concours de mes collègues, les obstacles de toute nature rencontrés sur ma route.

Puis le secrétaire donna lecture des lettres adressées au Maire de Nantes, de la réponse du général de Kératry, et de la lettre d'envoi du maire.

La discussion s'ouvrit sur l'interprétation à donner à ces deux lettres, et sur la réponse à y faire.

Habrioux fit observer qu'il ne s'agissait pas d'organiser un corps de volontaires, mais simplement de constituer dans les mobilisés mariés une batterie destinée à partir seulement avec les autres mobilisés de la même catégorie.

Précisant davantage, je dis qu'il ne pouvait y avoir aucune équivoque sur ce point ; les termes et l'esprit des lettres échangées indiquaient clairement que l'autorisation du général de Kératry était accordée dans le sens indiqué par Habrioux.

Chevallier demanda comment on devait interpréter l'obligation imposée à chaque homme par le général de Kératry de payer son armement et son équipement ?

« L'équipement et l'habillement, répondit Ed. Corhumel, sont obligatoires pour tous, comme dans le reste de la Garde nationale. Quant à l'armement, le Comité d'organisation se borne à inviter chaque canonnier, dans la mesure du possible, à faire personnellement cette dépense, mais il n'a pu entrer dans la pensée des fondateurs organisateurs de la batterie, de rendre leur association dont l'institution est appelée à servir si efficacement la défense nationale, inaccessibles aux citoyens auxquels leur situation ne permet pas ce sacrifice.

« C'est en prévision de nécessités de cette nature que le Comité s'est préoccupé en première ligne de créer des ressources au moyen de conférences, souscriptions, etc. Les produits seront tout d'abord appliqués à payer l'armement des canonniers pour lesquels cette charge serait trop lourde, mais il demeure entendu que, dans ce cas, la batterie restera propriétaire des armes qu'elle aura fournies. Le surplus des sommes recueillies sera employé à l'achat des canons et du gros matériel. »

Cette réponse donnait satisfaction à Chevallier qui n'insista pas. Mais un autre des organisateurs, Bardon, préoccupé de la division par ban des hommes qui devaient composer la batterie, demanda si le corps à former ne serait pas plus tard désorganisé par le départ successif des différentes catégories d'âge ?

Le président le rassura, en faisant observer que le plus grand nombre des citoyens appelés à constituer la batterie appartenait à la même catégorie d'âge, et que surtout, le décret ne distinguait pas entre les mariés mobilisés, et décidait que tous les hommes de 20 à 40 ans devraient être appelés entre le 20 et le 30 décembre.

La discussion s'ouvrit ensuite sur le modèle à adopter pour la constitution de la batterie.

Après quelques observations échangées entre Labruyère, Boutin et Béatrix, l'assemblée décida, à l'unanimité, que la batterie devrait être constituée sur le modèle de celle qui avait été formée au mois d'août parmi les Gardes mobiles de Nantes, c'est-à-dire à pied.

On passa ensuite à l'examen de la réponse à faire à la lettre du Maire. La rédaction préparée par G. Roy et Boutin, fut adoptée à l'unanimité, et signée séance tenante pour être envoyée, dès le lendemain, au Maire de Nantes.

« Nantes, le 27 novembre 1870.

« Monsieur le Maire,

« Nous avons l'honneur de vous accuser réception de la lettre que vous avez adressée à M. Eudel, en date du 21 novembre.

« Conformément à l'autorisation qui nous est donnée par le général de Kératry, nous procédons à l'organisation dans les rangs des hommes mariés mobilisés d'une compagnie d'artillerie à pied.

« Il est bien entendu que, suivant l'offre que nous avons faite dans notre demande, nous nous imposerons les dépenses de notre équipement et de notre armement.

« Nous venons de convoquer nos adhérents pour procéder à la formation de nos cadres.

« Nous nous empresserons de vous donner avis des résultats de cette réunion et nos officiers s'entendront pour l'organisation définitive et l'instruction avec l'autorité militaire de laquelle nous devons relever.

« Nous avons l'honneur d'être, M. le Maire, vos dévoués serviteurs.

« Signé : LABRUYÈRE, EUDEL, G. ROY, BARDON, HABRIOUX, CORHUMEL, CHEVALLIER, BOUTIN. »

Puis je proposai de sortir de la période première de préparation pour entrer dans la période d'organisation définitive et officielle. Développant ma pensée, je dis qu'une réunion publique devenait nécessaire tant pour faire connaître aux adhérents le résultat des démarches et des efforts du Comité que pour constituer les cadres.

Le temps pressait. L'assemblée décida que cette première réunion aurait lieu dès le surlendemain, mardi 29 novembre, à 8 heures du soir, dans la salle d'hydrographie, rue de Flandre, mise obligeamment par l'administration municipale à la disposition du Comité d'organisation.

Quel allait être l'ordre du jour ? Une courte discussion s'engagea et l'on se mit d'accord pour décider que le bureau provisoire devrait être transformé dès l'ouverture de la séance. Par suite, la première question à inscrire à l'ordre du jour devenait l'élection des cadres de la batterie, dont les officiers formeraient, avec le maréchal des logis chef et le maréchal des logis fourrier, le bureau définitif.

Le Comité fixa ainsi les cadres à élire :

Capitaine en premier ;

Capitaine en second ;

Lieutenant en premier ;

Lieutenant en second ;

Adjudant ;

Maréchal des logis chef ;

Maréchal des logis fourrier ;

Quatre maréchaux des logis.

Quant à ces derniers, aux huit brigadiers et au brigadier fourrier, le choix en serait fait ultérieurement au fur et à mesure des besoins.

Le vote aurait lieu par scrutin de liste.

Le Comité décida en outre que l'ordre du jour comprendrait la désignation des lieux, jours et heures d'exercice, le choix des instructeurs, le modèle de l'uniforme et de l'armement, et enfin la question de la constitution d'un dépôt de la Compagnie, formé de ceux auxquels leur santé ne permettrait pas de faire campagne.

On afficherait donc avant la séance, dans le local de la réunion, un ordre du jour ainsi arrêté :

1. Election des cadres ;

2. Question financière ;

3. Jours, heures et lieux d'exercice ;

4. Choix des instructeurs ;

5. Modèle de l'uniforme et de l'armement ;

6. Constitution du dépôt de la Compagnie.

CHAPITRE II

Difficulté de recruter des artilleurs — Liste des premiers adhérents — Réunion à la Salle d'hydrographie pour l'élection des cadres — Ajournement du projet d'organisation — Intervention du baron Textor de Ravisi — Appui du préfet Fleury — Rapport de J. Labruyère au Comité républicain — Adoption du rapport et souscription pour l'achat d'un canon (28 Novembre - 5 Décembre 1870).

Tout ayant été prévu, — du moins le Comité l'imaginait, — des convocations furent adressées aux cinquante ou soixante adhérents que les organisateurs avaient recrutés dans les rangs de la Garde nationale, avec l'autorisation de son colonel, Philbert Doré.

Cinquante adhérents dans une légion qui comptait 4.000 gardes sédentaires de 21 à 40 ans, le résultat était peu satisfaisant. Ni les ordres du jour patriotiques du colonel Doré, ni les articles du *Phare de la Loire*, montrant la grande ville de

Nantes exposée du jour au lendemain à voir arriver l'ennemi devant ses faubourgs, sans un artilleur pour pointer les canons de défense, n'avaient pu triompher de l'indifférence ou du mauvais vouloir général. C'est un à un, et à force de sollicitation que les promoteurs du projet avaient arraché les signatures des cinquante engagés. Tous leurs encouragements, toutes leurs exhortations patriotiques s'étaient heurtées à un raisonnement égoïste qu'ils n'avaient pas prévu et qui résultait de la situation nouvelle faite à leurs adhérents par la création d'une artillerie de la Garde nationale.

Le recrutement des artilleurs, en effet, ne devait se faire que parmi les rangs de la Garde nationale sédentaire, dans le troisième ban, celui des hommes mariés. Or, les citoyens de cette catégorie, mobilisables en dernière ligne, espéraient bien ne jamais être appelés et rester à Nantes défendre leurs foyers. En serait-il de même quand ils auraient été organisés en compagnie d'artillerie ? C'était peu probable, et la lettre du général de Kératry qui parlait déjà de les faire partir pour le camp de Conlie, n'était pas faite pour les rassurer.

Quoiqu'on puisse penser de semblables raisonnements à l'heure d'un péril national, il est certain que le recrutement de la batterie d'artillerie en subit les conséquences.

Avec l'autorisation du colonel Doré, mes amis avaient fait circuler des listes dans les rangs de la Garde nationale. Chaque feuille portait en tête cette mention manuscrite :

« Par autorisation particulière, une compagnie spéciale, prise dans les rangs des mariés mobilisés, se forme à Nantes, pour partir, s'il y a lieu, comme artilleurs, avec la catégorie de la Garde nationale à laquelle ils appartiennent.

« Les soussignés adhèrent à cette organisation dont le cadre et le règlement seront constitués jeudi 1er décembre. »

Au moment de la réunion du 29 novembre, on avait les signatures ou les adhésions de :

J. Labruyère, Emile Boutin, Paul Eudel, Edouard Corhumel, G. Roy, Alexandre Bardon fils, Habrioux, G. Chevallier, Béatrix, organisateurs-fondateurs.

A. Douard, gérant du *Phare de la Loire*, J. Guiberteau, professeur de mathématiques ; G. Goullin fils, adjoint au maire de Nantes ; Larrey, raffineur ; Lenoir, architecte ; E. Mercier, pharmacien ; Sarradin fils, négociant ; Félix Héraud, négociant ; Gustave Perthuis, négociant, tous membres du Comité républicain ;

Laubadère, L. et C. Bonsergent, P. Poilasse, Antonio Carré, Bati, huissier, A. Jobard, Jules Braud, Gergaud, Lochard, Durand-Gasselin, banquier, Gourdet, agent de change, Em. Simon, Coquard, Aug. Daguin, Th. Le Gourrierec, P. Vaugeois, Dambroisse, G. Siraud, S. Tharreau, A. Lamy, Rousseau, ferblantier, A. Strozzi, artiste du Grand-Théâtre, Lecomte, négociant, Giraudeau, Bonneau, Oriole, Hureau, Darmandaritz, Leroux, Colombel, Chaillou, Martineau, Beuschet, Guerre, Lefebvre,

Textor de Ravisi, percepteur du 4ᵉ arrondissement de Nantes, etc., etc.

Chacun de ces adhérents reçut une convocation lithographiée :

> « *Nantes, le 28 novembre 1870.*
>
> « Monsieur,
>
> « Une réunion privée, ayant pour but de constituer, en vertu d'une autorisation spéciale, une Compagnie d'Artillerie, composée d'hommes mariés mobilisés de la Garde Nationale de Nantes, aura lieu demain mardi, à 8 heures du soir, à l'Ecole d'hydrographie, 18, rue de Flandre.
>
> « Vous êtes prié de vouloir bien y assister.
>
> « *Les organisateurs,*
>
> « E. LABRUYÈRE, P. EUDEL, G. ROY,
>
> « E. BOUTIN.
>
> « N.-B. — La présente invitation servira de carte d'entrée ».

La réunion eut lieu à l'heure indiquée. L'ordre du jour, on le sait, portait en première ligne, l'élection des cadres. Le Comité qui avait arrêté dans sa réunion préparatoire le nombre d'officiers et de sous-officiers à élire, avait en même temps formé une liste de candidats aux différents grades.

1ᵉʳ Capitaine.............	Labruyère, avoué.
2ᵉ —	G. Roy.
1ᵉʳ Lieutenant...........	P. Eudel.
2ᵉ —	Bardon.
Adjudant................	Habrioux.
Maréchal des logis chef....	Boutin.

Maréchal des logis fourrier. Corhumel.
Maréchal des logis........ Chevallier.
      —   .... Giraudeau.
      —   .... Colombel.
      —   .... Coquard.

Mais par une faute qui retarda la formation de la batterie de plus d'un mois et fut une des causes de l'avortement du projet, le bureau provisoire laissa des discussions s'engager au lieu de faire procéder immédiatement au scrutin. La réunion se passa sans que les élections aient pu avoir lieu.

Or, ce jour-là même, une dépêche de Tours annonçait que le général de Kératry venait de donner sa démission, et que toutes les forces de l'Ouest, y compris celles du camp de Conlie, passaient sous les ordres du général Jaurès. Le *Phare de la Loire* publia la fameuse lettre de Kératry à Gambetta, véritable réquisitoire du général démissionnaire contre le ministre de la Défense Nationale.

L'organisation de la batterie d'Artillerie fut momentanément suspendue.

Mais déjà l'idée avait fait son chemin dans l'opinion publique. Les journaux s'en étaient emparés. La nécessité de munir d'artillerie la Garde nationale nantaise était reconnue. Le Comité républicain, saisi de la question, avait demandé un rapport à J. Labruyère. Les organisateurs ne perdirent pas courage.

Une excellente recrue leur arriva.

Le 1er décembre, je reçus une demande d'entretien du baron Textor de Ravisi :

« *1er décembre 1870*.

« Monsieur,

« Je désirerais, sur le bon accueil de M. E. Mangin, vous soumettre un projet d'organisation de l'*Artillerie* de la Garde nationale nantaise.

« Mes occupations de bureau ne me laissant libre qu'à partir de quatre heures, je vous demanderai la faveur de vouloir bien m'attendre ce soir à quatre heures et demie à votre bureau de la rue des Cadeniers. Voilà déjà longtemps que mon projet est fait et les évènements marchent avec une effrayante rapidité. *Un parti est urgent.*

« Je suis heureux, Monsieur, de cette occasion de me mettre en rapport avec un homme de cœur et un citoyen distingué comme vous l'êtes. Dans les pénibles épreuves nationales que nous subissons, chacun doit apporter son faible concours individuel à la grande œuvre de la Défense nationale.

« J'ai l'honneur d'être, Monsieur, votre très humble et très obéissant serviteur.

« Baron Textor de Ravisi.

« S'il vous convient, Monsieur, d'avoir un de vos amis présent à notre entretien et s'occupant comme vous, d'artillerie, j'en serais très content pour ma part, car, peut-être, avancerions-nous plus rapidement une solution *pratique* de la grande question qui est pendante.

« T. de R. »

Le baron Textor de Ravisi ne se vantait pas. Depuis dix jours il tenait prêt un mémoire sur l'organisation de l'Artillerie de la Garde nationale et c'est en allant le présenter au *Phare de la Loire* qu'il avait reçu de son rédacteur en chef, Evariste Mangin, le conseil de se mettre en rapport avec moi.

Entre nous deux, également dévoués à la cause de la défense nationale, l'entente se fit promptement. On décida de reprendre les démarches, et puisque le général de Kératry n'avait plus de commandement, de faire de nouveaux efforts pour obtenir une autorisation du préfet et du maire.

Justement, le préfet de la Loire-Inférieure venait d'être changé. Le docteur Guépin avait donné sa démission. Il était remplacé par Fleury (de l'Indre), ancien représentant du peuple, arrêté au Coup d'Etat et expulsé du territoire. Séance tenante une adresse fut rédigée, et soumise à la signature de quelques uns des adhérents de la première heure.

« Les soussignés ont l'honneur de prier Monsieur le Préfet de vouloir bien les mettre à même d'exécuter le projet qu'ils lui soumettent et qui a été conçu par Monsieur le baron Textor de Ravisi.

« Ce projet a pour but de munir d'Artillerie la Garde Nationale de Nantes.

« Il est urgent surtout d'organiser l'artillerie parmi les hommes mariés qui ont été mobilisés par le décret du 2 Novembre.

« Cette organisation aurait pour résultat non pas de créer un corps de volontaires, mais de former des artilleurs qui partiraient en même temps que les Gardes Nationaux de Nantes faisant partie de leurs bans respectifs.

« Une députation choisie par eux a été chargée de faire auprès de vous, Monsieur le Préfet, les démarches nécessaires pour arriver à une prompte organisation conforme à ce projet.

« Les soussignés ont l'honneur d'être, Monsieur le Préfet, vos très dévoués serviteurs :

« Signé : B⁰ⁿ TEXTOR DE RAVISI ; P. EUDEL ; CO-QUARD ; G. CHEVALIER ; G. SIRAUD ; BATI ; GUIBERTEAU ; Antonio CARRÉ ; LABRUYÈRE ; G. ROY ; E. CORHUMEL ; HABRIOUX ; S. THARREAU ; F. HÉRAUD ; BONSERGENT ; Th. LEGOURRIEREC ; Ad. STROZZI ; E. BOUTIN ; A. BARDON fils ; A. JOBARD ; E. DAMBROISSE ; LENOIR.

Le 3 décembre la délégation fut reçue par le préfet qui se montra très sympathique et promit d'appuyer le projet auprès de la Mairie.

Deux jours plus tard, au Comité Républicain, J. Labruyère présenta son rapport :

« Messieurs,

« Dans sa séance du jeudi 1ᵉʳ décembre 1870, le Comité Républicain a nommé une commission de trois membres, composée de MM. Remy Bernard, Lenoir et Labruyère pour étudier la formation de l'artillerie dans la Garde nationale nantaise et lui présenter un rapport sur la question.

« Lors de sa première réunion, la commission m'a fait l'honneur de me désigner pour son rapporteur, et voici les bases qu'elle a adoptées et qu'elle m'a chargé de développer.

« Votre commission a d'abord constaté que jusqu'à ce jour, sinon d'une façon incomplète par le

Décret du 27 novembre dernier, le Gouvernement de la Défense nationale ne s'était en rien préoccupé de la création de l'arme de l'artillerie dans le sein de la Garde nationale, et que ce qui s'est fait dans ce sens était uniquement émané de l'initiative privée. C'est ainsi qu'un grand nombre de villes comme Bordeaux, Marseille, Rouen, Le Havre, Caen, se sont immédiatement occupées, en même temps que de l'infanterie, de la formation de l'artillerie de leur Garde nationale, et que ces villes sont aujourd'hui toutes pourvues, sinon d'un matériel complet d'artillerie, au moins d'hommes exercés et capables de rendre, par la constitution de leur corps spécial, d'immenses services à la patrie.

« Vous verrez là, Messieurs, en même temps, un sujet de satisfaction dans cette initiative individuelle qui montre que la France échappe enfin à cet esprit de réglementation à outrance qui étouffait en elle toute aspiration généreuse, et un motif de regret dans ce fait qu'aujourd'hui encore à Nantes, tout est à créer pour que la Garde nationale possède son artillerie. Ce regret s'accentuera d'autant plus que quelques citoyens qui ont voulu former cette artillerie, n'ont trouvé que des obstacles sur leur route au lieu des encouragements qui devaient les attendre.

« Nous sommes à la veille du départ des mariés mobilisés de la Garde nationale, et l'instruction des canonniers est longue et difficile ; on pourrait donc dire qu'il est trop tard pour y adjoindre l'artillerie. Cependant, Messieurs, mieux vaut tard que jamais, et avec la volonté d'arriver, avec l'appui assuré de l'opinion publique, il est possible de suppléer au temps par l'énergie des résolutions : depuis deux mois la France a su le prouver.

« Nous avons divisé ce travail, Messieurs, en deux parties : 1º Celle qui concerne les hommes, leur instruction, leur équipement, la formation des cadres, et le recrutement ; 2º celle qui concerne l'armement, c'est-à-dire l'achat des armes, des ca_ nons et du gros matériel.

« *Première Partie. — Des hommes.*

« Il existe, en vertu du Décret du 2 novembre 1870 sur la mobilisation des hommes mariés de 21 à 40 ans, deux catégories bien distinctes dans la Garde nationale, les mobilisés et les sédentaires.

« Chacune de ces catégories correspond à ses besoins différents, mais elles doivent toutes deux concourir à la Défense Nationale pour laquelle tous ont été armés.

« Les mobilisés sont appelés à faire campagne avec la troupe et les mobiles, c'est la défense générale. La place des sédentaires n'est pas uniquement dans leurs foyers pour assurer le maintien de l'ordre. Elle peut être aussi sur ces points stratégiques, comme le camp de la Seilleraye, dont l'armement est destiné à une défense locale.

« Il est donc essentiel que les deux catégories soient pourvues d'une artillerie faute de laquelle l'ennemi serait assuré de les massacrer sans défense possible de leur part.

« Seulement la constitution des mobilisés et des sédentaires doit différer selon la nature des services que chacun est appelé à rendre ; les canonniers mobilisés seront destinés plus spécialement à servir des mitrailleuses et des batteries de campagne, tandis que les canonniers sédentaires seront exclusivement propres à la manœuvre des batteries fixes de place ou de côté.

« L'instruction des hommes devra donc être, dès le principe, toute spéciale, malgré l'absence actuelle des pièces, et ils devront être divisés immédiatement en batteries de mitrailleuses, batteries de place. Leur instruction correspondra à la manœuvre à laquelle chaque corps spécial sera destiné.

« Quant au nombre des batteries ou compagnies à former, il doit correspondre à la force, en hommes, de la Garde Nationale, qui est d'au moins douze mille hommes, à Nantes. Il devra donc y avoir ici au moins six batteries, ce qui ne fera que trois pièces par mille hommes, chiffre certainement au-dessous de la proportion qui est admise dans les armées modernes, spécialement dans l'armée prussienne.

« On peut aussi se faire une idée du nombre de canonniers à former, si l'on sait qu'au camp de la Seilleraye il y aura des pièces de marine à servir, ce qui exige 400 canonniers, c'est-à-dire deux batteries.

« Votre Commission est donc d'avis qu'il y a lieu de créer en tout six compagnies ou batteries, deux de mitrailleuses, deux de campagne, et deux de grosse artillerie de place ou de côté ; chaque batterie devant être divisée en trois sections assez indépendantes l'une de l'autre pour que deux pièces puissent être détachées pour accompagner, au besoin, un bataillon isolé et l'appuyer dans une reconnaissance ou une escarmouche.

« Nous vous proposerons de répartir ces six batteries de la manière suivante : les quatre batteries de mitrailleuses et de campagne devront être prises dans la catégorie des hommes destinés à faire campagne, soit dans les mariés mobilisés de 20 à 40 ans, et les deux batteries fixes dans les hommes au-dessus de 40 ans ou sédentaires.

« L'instruction des hommes sera facile, puisque Nantes possède un parc d'artillerie et que, sans sortir des rangs de la Garde Nationale, on trouve d'anciens canonniers qui pourront servir d'instructeurs.

« En ce qui concerne l'équipement, nous pensons, Messieurs, qu'il ne devra pas différer de celui du reste de la Garde Nationale, sauf la double bande rouge au pantalon et quelques insignes distinctifs au collet et au képi.

« Toute l'artillerie de la Garde Nationale devra être à pied, jusqu'au jour où le départ de la catégorie mobilisée nécessitera de monter les canonniers conducteurs et les cadres.

« Cette dernière disposition semble être en contradiction avec les termes de l'article 1er du décret du 27 novembre 1870 qui décide que les batteries d'artillerie de la Garde Nationale mobilisée seront constituées comme les batteries *montées* des régiments d'artillerie de ligne, sur le pied de guerre.

« Mais il nous semble préférable, néanmoins, de

ne constituer que des batteries à pied, et cela pour plusieurs motifs : le premier, c'est que l'article que nous venons de citer ne paraît devoir s'appliquer qu'au moment où la batterie entre en campagne.

(L'article 8 du même décret ajoute au surplus que l'armement et l'équipement des hommes non montés est le même que dans les batteries de la Garde mobilisée, et que l'armement et l'équipement des hommes montés seuls seront ceux des cavaliers du train de l'artillerie). — Le deuxième, c'est que la proposition dont nous sommes saisis et que nous appuyons, prévoit l'organisation de l'artillerie non seulement dans la Garde mobilisée, mais dans la Garde sédentaire en même temps, et qu'il est préférable, au début, de procéder d'une manière uniforme ; enfin, le dernier, c'est que la nécessité d'organiser immédiatement des batteries montées rencontrerait dans l'exécution des difficultés insurmontables pour se procurer sans retard des chevaux, des harnachements, l'argent pour les payer et des hommes habitués à la selle.

« Passant à la formation des cadres, votre Commission est d'avis que c'est la nécessité première, sans laquelle rien d'utile ne pourra être fait ; les cadres seuls, une fois formés, auront l'autorité nécessaire, et seuls ils sentiront le besoin d'activer sans retard la constitution de leurs corps ; jusquelà, il ne peut y avoir que des ébauches et des projets, il n'y a même pas commencement d'exécution.

« Il est donc permis de regretter, pour le succès de l'idée que nous patronnons, que la réunion préparée mardi dernier 27 novembre pour l'élection des cadres de la première batterie, n'ait pas profité de ce que le décret du 27 novembre n'était pas promulgué à Nantes pour élire ses officiers, et que, par les discussions auxquelles cette réunion s'est livrée, elle ait retardée d'au moins une semaine la création de l'artillerie à Nantes.

« Comment doit-il aujourd'hui être procédé à la constitution des cadres ? Il y a sur le mode à employer deux dispositions contradictoires : l'une qui résulte de l'article 5 du décret du 18 novembre, lequel consacre formellement le principe de l'élection des chefs par les subordonnés dans l'artillerie, conformément au droit commun de la Garde nationale, l'autre qui résulte de l'article 5 du décret du 27 novembre, aux termes duquel le choix des officiers appartient au Ministre de l'Intérieur, sur présentation faite par les préfets, et le choix des sous-officiers, ouvriers et soldats appartient aux chefs d'escadron.

« Votre commission a pensé que tout en respectant le grand principe républicain de l'élection des chefs par les subordonnés, il y avait lieu d'y déroger, dans l'espèce, à raison des aptitudes spéciales qu'exige l'arme de l'artillerie, et parce que, d'ailleurs, le décret du 27 étant postérieur à celui du 18, il l'abroge implicitement.

« Nous pensons en outre que, bien que le décret du 27 novembre concerne uniquement les mobilisés, il y a lieu, dans la pratique, de l'appliquer à l'artillerie sédentaire, par les mêmes raisons et de prier l'autorité préfectorale de faire les choix des officiers dans toutes les batteries indistinctement.

« C'est une nécessité de défense nationale ; la question pourra recevoir après la guerre une solution définitive mieux en harmonie avec l'esprit de nos institutions.

« Reste le recrutement, mais cette question nous semble fixée par les termes mêmes de l'article 4 du décret du 27 novembre, et bien qu'il ne soit édicté que pour les mobilisés, il n'y a aucun inconvénient à l'appliquer aux sédentaires. Cet article est ainsi conçu : « Le personnel sera pris 1° parmi les volon-
« taires ; 2° parmi les Gardes nationaux mobilisés
« ayant servi dans l'artillerie de terre ou de mer,
« ou dans les trains des équipages ou dans la
« marine ; 3° parmi les anciens élèves des écoles
« spéciales du gouvernement et des écoles profes-
« sionnelles ; 4° parmi les ouvriers d'art et les
« hommes ayant des connaissances techniques se
« rapprochant de celles qu'exige le service de l'ar-
« tillerie. Les canonniers conducteurs seront pris
« parmi les hommes ayant l'habitude de manier
« les chevaux.

« *Deuxième Partie.* — *De l'armement des batteries.*

« Nous devons bien nous dire, Messieurs, qu'ici est la grosse difficulté, et que s'il est possible, facile même de former des canonniers, si l'action du Comité Républicain peut se faire sentir d'une manière puissante pour la création du personnel, il n'en est malheureusement pas ainsi pour la création du matériel.

« Vous n'ignorez pas, en effet, que ce matériel se compose, outre l'armement personnel de chaque canonnier, de canons, de caissons, de munitions, de chevaux, de harnachement et de matériel portatif de forge et de bourrellerie. Tous ces objets réunis élèvent le prix d'une batterie de six pièces au chiffre normal de plus de cent mille francs.

« De plus, la fabrication et la concentration de tous ces objets ne se font pas rapidement, ni sans peine.

« C'est pourquoi le Gouvernement, se préoccupant des moyens de faire fabriquer de l'artillerie et surtout de la payer, a édicté son décret du 3 novembre relatif à l'organisation des batteries départementales, et celui du 22 novembre qui autorise les préfets à réquisitionner directement les chevaux et le harnachement, et à payer le matériel, avec le consentement des constructeurs en obligations départementales.

« Ces efforts et ces combinaisons ingénieuses décèlent jusqu'à quel point la question de l'armement des batteries préoccupe le Gouvernement. Vous le voyez, c'est la question financière qui domine la situation.

« Ce n'est pas la première fois que vous envisagez cette question financière, sous des aspects plus généraux, il est vrai, et le Comité républicain conservera longtemps le souvenir des intéressants et consciencieux débats qu'elle a soulevés.

« Aujourd'hui, quelle peut être l'action du Comité au point de vue pratique de cette même question s'appliquant à la construction du matériel d'artillerie ? Elle serait fort restreinte si elle était isolée ; mais nous avons lieu d'espérer que notre action se combinera avec celle de la formation des batteries départementales dont cependant l'organisation pourra se poursuivre indépendamment de celle de l'artillerie de la Garde nationale.

« En effet, Messieurs, le gouvernement, par ses décrets sur l'artillerie départementale, semble s'être préoccupé plus particulièrement de créer du matériel, sans en désigner par avance l'emploi dans l'armée régulière plutôt que dans l'armée auxiliaire. Il est donc probable que les batteries qui seront créées par les ressources des départements seront presque exclusivement servies par les Compagnies sorties de la Garde nationale mobilisée. On peut espérer qu'en temps opportun, les pièces ne manqueront pas aux canonniers.

« Le concours de l'initiative privée n'en est pas moins très important et ne doit pas être dédaigné. A côté de l'action gouvernementale et départementale, la volonté individuelle peut accomplir des miracles. Si notre pays avait besoin de prendre exemple hors de son passé pour arriver à de grandes choses, nous vous citerons le tableau des prodiges effectués par les citoyens de l'Union Américaine dans la guerre de sécession. Comme ces hommes libres ont fait, unissons donc nos volontés et nos ressources, sans nous reposer sur les efforts officiels auxquels les nôtres viendront au besoin se joindre pour assurer, par l'unité des sentiments patriotiques et républicains, le salut de la France.

« C'est dans cet espoir que votre commission vous propose, Messieurs, d'ouvrir dans votre sein une souscription et de faire des conférences destinées à offrir une mitrailleuse à l'artillerie de la Garde Nationale nantaise. Cette mitrailleuse devra porter, gravé dans le cuivre, le nom du Comité Républicain, pour perpétuer le souvenir de l'initiative que nous avons prise. Cet exemple sera suivi et notre mitrailleuse deviendra le noyau de la première batterie.

« Nous croyons en terminant, Messieurs, répondre au sentiment qui vous a fait nommer cette commission en proposant au Comité de prêter à l'idée de l'artillerie dans la Garde Nationale l'appui et le concours de la grande publicité qu'on a bien voulu mettre à votre disposition, et de prier notre vice-président de lui donner tout le retentissement que comporte l'autorité du *Phare de la Loire*.

« En résumé nous vous proposons d'adopter les conclusions suivantes :

1º Le Comité républicain prend en considération la proposition de créer l'artillerie de la Garde Nationale de Nantes.

2º Le Comité est d'avis : 1º de former des batteries réparties entre la Garde mobilisée et la Garde sédentaire, savoir deux batteries de mitrailleuses et deux batteries de campagne à la mobilisée, et deux batteries fixes à la sédentaire ; 2º de soumettre immédiatement la formation des cadres au choix de M. le Préfet.

3º Le Comité ouvre une souscription dans son sein et décide l'organisation d'une conférence pour l'achat d'une mitrailleuse sur laquelle sera gravé le nom du Comité Républicain.

4º Le Comité invite chacun de ses membres à propager le plus possible l'idée dans le public et prie spécialement son vice-président de lui donner la publicité du *Phare de la Loire*.

5ᵉ Une Commission de cinq membres sera déléguée auprès de l'autorité départementale et municipale pour insister sur la prompte organisation de l'artillerie dans la Garde Nationale.

J. LABRUYÈRE. »

Les conclusions de ce rapport furent approuvées par l'Assemblée. Le Comité se rallia au principe de provoquer, par son initiative, la création de batteries d'artillerie à Nantes, et d'ouvrir une pièce ou un canon portant son nom.

La discussion s'engagea sur la nature de cette pièce d'artillerie.

Un membre, Flornoy, président du tribunal de commerce, fit observer qu'il serait difficile au Comité républicain de faire la dépense d'une mitrailleuse de 7 à 8.000 francs. « On fabrique, dit-il, trop de mitrailleuses. Un canon pèse environ 640 kilos et coûte 4 fr. 75 le kilo. Cette dépense peut être couverte par une souscription et par des conférences.

« Il faut faire un cadeau utile à l'artillerie, appuya l'ancien libraire Planson. Une mitrailleuse est d'un prix trop élévé. Quant à celles que l'on fabrique à Marseille, et dont le prix de revient est de 500 francs, c'est un engin défectueux. La fabrication en est suspendue. »

« Il y a bien M. Lotz, ajouta Flornoy, qui a inventé à Nantes une mitrailleuse excellente. Elle lance 43 projectiles à la minute et elle ne coûte que 700 francs. Mais le Comité ne doit pas se risquer dans les aventures. Offrons un canon. »

L'armateur Gabriel Lauriol, membre du Conseil municipal, porta la question sur un autre terrain. Il reprit pour son compte les objections que Guépin et Waldeck-Rousseau avaient faites au projet :

« Si l'administration municipale, dit-il, ne s'est pas montrée jusqu'à présent favorable à la création de l'artillerie, c'est qu'elle a craint de voir se constituer un corps d'élite se recrutant dans la classe aisée. La Garde nationale a besoin d'être soutenue dans ses rangs par l'élément bourgeois ».

Julien Labruyère fit justice de cette supposition :

« Il ne s'agit pas, s'écria-t-il, de former un corps choisi. Il serait impossible, aujourd'hui, de constituer l'artillerie avec la bourgeoisie seule. Il faudrait y admettre tous ceux qui se présenteraient pour en faire partie sans condition sociale. Un décret récent décide, en ce qui concerne la formation du personnel, qu'il est indispensable de faire appel aux anciens canonniers, aux bourreliers, aux maréchaux-ferrants, aux ouvriers d'art. Tous les éléments se trouveraient représentés et confondus ».

Flornoy revint sur la nécessité de former promptement des canonniers pour le service du camp qui s'organisait près de Nantes :

« Il n'y a que les habitants de notre ville qui

puissent se former en batteries d'artilleurs, car, à Nantes seulement, dans la Loire-Inférieure, se trouvent des canons et des gens spéciaux pouvant créer et diriger une école d'artillerie. Quant au danger de constituer un corps d'élite dans la Garde nationale, le rapporteur, en indiquant les éléments de composition de l'Artillerie, vient de répondre victorieusement à cette objection. Les temps, du reste, sont bien changés. L'artillerie de 1848 s'était formée sous des principes dont le souvenir est déjà loin de nous ».

Le président mit aux voix les conclusions du rapport qui furent adoptées avec quelques modifications de détail :

« Le Comité républicain prend en considération la proposition de créer l'artillerie de la Garde nationale.

« Il est d'avis de former des batteries réparties entre la Garde mobilisée et la Garde sédentaire, savoir deux batteries de mitrailleuses et deux batteries de campagne à la mobilisée ; deux batteries fixes à la sédentaire. La formation des cadres soumise immédiatement au choix du préfet.

« Le Comité républicain ouvre une souscription dans son sein, et décide l'organisation d'une conférence pour l'achat d'un canon sur lequel sera gravé le nom du Comité républicain.

« Le Comité invite chacun de ses membres à propager le plus possible l'idée dans le public, et prie spécialement son vice-président de lui donner la publicité du *Phare de la Loire.*

« Une commission de cinq membres sera déléguée auprès de l'autorité départementale et municipale pour insister sur la prompte organisation de l'artillerie dans la Garde nationale ».

M. Ed. Normand, président du Comité, Ev. Mangin, rédacteur en chef du *Phare de la Loire*, l'architecte Lenoir, Rémy Bernard, courtier d'assurances maritimes, membre du Conseil municipal, et Julien Labruyère, furent choisis par leurs collègues pour s'acquitter de cette mission.

CHAPITRE III

Projet Textor de Ravisi — Utilité d'une artillerie nantaise — Sa division en batteries mobilisables et en batteries sédentaires — Personnel — Recrutement — Habillement — Appel au patriotisme nantais — Nécessité d'un commencement d'exécution immédiat (7 Décembre 1870).

Le *Phare de la Loire* publia les résolutions du Comité républicain et inséra in-extenso le projet d'organisation du baron Textor de Ravisi. Quelques jours plus tard, l'article parut en brochure, et fut répandu par les soins du Comité d'organisation à des milliers d'exemplaires. Nons reproduisons, malgré sa longueur, ce document curieux qui indique si bien l'état des esprits à cette époque troublée. Personne n'eut un seul instant la pensée de discuter la compétence en matière d'artillerie d'un ancien chef de bataillon d'infanterie, percepteur des contributions directes.

« Nantes, dit-il, possède une garde nationale sédentaire nombreuse. Elle est bien armée et bien équipée ; déjà elle manœuvre suffisamment pour pouvoir être immédiatement utilisée, si besoin en était.

« Nantes peut être fière d'elle-même. Vouloir a été, pour elle, pouvoir ; car, outre cette belle garde sédentaire, ses bataillons de gardes mobiles défendent Paris, et ses premiers bataillons de gardes nationaux mobilisés sont partis pour le camp de Conlie, afin de défendre la Bretagne et de marcher en avant.

« Honneur à notre Municipalité !...

« Honneur à notre Maire !... Ils ont, en cette circonstance, par leur activité incessante et par leur patriotisme éclairé, dominé les difficultés et les exigences d'une situation sans précédents dans nos annales.

« Le sol de la patrie a été frappé par le Gouvernement de la Défense nationale... Ce n'est pas en vain. Le vieux dicton s'est réalisé qu'il suffirait de frapper du pied le sol français pour que des armées en surgissent.

« En avant, soldats-citoyens !... Sus aux Prussiens !... Vous combattez pour la plus noble, pour la plus sainte des causes ! Vous combattez pour le respect de vos foyers, pour la défense de vos pères, de vos mères et de vos enfants ! vous combattez pour la défense de la PATRIE EN DANGER !...

« Luttez avec persévérance contre un ennemi puissant et audacieux, qui ne vous donnera ni trêve ni merci, mais qui compte davantage avec les villes qui se défendent qu'avec celles qui lui ouvrent leurs portes sans coup férir. Voyez la malheureuse Nancy, voyez la glorieuse Saint-Quentin !...

« Beaucoup a été fait à Nantes, mais beaucoup reste à faire encore. Ne nous arrêtons donc pas. Que le manque de ce qui reste à faire ne vienne pas, au moment suprême, compromettre et annuler ce qui est fait.

« Il manque de l'artillerie à nos gardes nationaux mobilisables et à nos gardes sédentaires ?...

« Donnons-leur, sans plus de retard, cette artillerie indispensable : le temps presse : le temps n'est plus aux paroles, mais à l'action.

« Notre garde nationale n'est qu'infanterie : la cavalerie et l'artillerie y font défaut complètement.

« 2° Ce n'est pas le lieu assurément, de discuter sur le mérite respectif des différentes armes ; mais il est indispensable de rappeler ici les principes généraux de l'organisation militaire.

« Une armée se compose de trois armes distinctes : l'infanterie, la cavalerie et l'artillerie. Le rôle de chaque arme est spécial mais, cependant, chaque arme, par des modes d'action différents, converge uniquement au même objectif, c'est-à-dire à préparer ou à assurer la victoire.

« L'infanterie est la force capitale d'une armée : l'arme principale. C'est l'arme indispensable. Mais, on ne saurait le dire trop haut, sans la cavalerie, l'action de l'infanterie est incomplète, et sans l'artillerie, son action est plus que limitée, elle est paralysée.

« Une armée ne peut exister sans cavalerie, et même sans une bonne cavalerie ; car c'est elle qui complète le succès préparé par les autres armes : renverser et poursuivre résument ses deux principales destinations.

« Une garde nationale défendant pied à pied le sol natal peut, à la rigueur, se passer de cavalerie si, d'une part, elle a pour auxiliaire des francs-tireurs nombreux et audacieux, connaissant parfaitement les ressources et la topographie du pays, et si, d'autre part, elle possède de l'artillerie.

« Les francs-tireurs rempliront avantageusement le rôle de la cavalerie ; c'est-à-dire que, placés en avant, en arrière et sur les flancs de la troupe, ils éclaireront la marche et préviendront les surprises ; ils feront les reconnaissances et escorteront les convois ; ils protégeront les déploiements, etc.

« Mais une troupe serait vaincue à l'avance, qui manquerait d'artillerie, si l'ennemi lui opposait une artillerie suffisante, ou bien cette troupe n'achèterait la victoire qu'au prix de la vie d'une masse d'hommes.

« Les Prussiens ont de l'artillerie et une artillerie nombreuse. Ayons donc aussi des canons. Sinon, nous combattrons bénévolement dans des conditions d'infériorité déplorables, nous sacrifierons inutilement, et à l'avance, des vies d'hommes précieux à la cité et à la famille. Ce serait un crime envers la cité, ce serait un crime envers la famille !

« 3o Nous demandons des canons, car nous pouvons immédiatement organiser à Nantes une artillerie. Oui ! nous pouvons avoir facilement une artillerie formidable et en rapport avec toutes les éventualités locales de guerre qui pourraient se produire.

« Demandons, car les autorités civiles et militaires rivalisent, ici, de patriotisme et de dévouement. Elles accueilleront favorablement notre demande, car, d'une part, elle est légitime, et, de l'autre, on peut facilement y satisfaire, comme nous allons le démontrer.

« Nous avons voulu une infanterie, et nous l'avons eue. Cependant, nous n'avions que des hommes, et les armes et les équipages nous manquaient. Voulons une artillerie, et nous l'aurons ; car nous possédons à Nantes un premier matériel d'artillerie facile à compléter, et nous avons toujours des hommes, des hommes de bonne volonté, des citoyens patriotes pour composer son personnel.

« 4° L'armement et la défense des ouvrages de fortification passagère adoptés par le Comité de défense de Nantes nécessitent la formation immédiate de batteries de position ; et, d'un autre côté, une garde nationale nombreuse, comme l'est celle de Nantes, et qui a d'aussi grands intérêts à défendre, doit prétendre au complément de force qui lui donneront des batteries mobiles et des batteries de réserve.

« *Une Artillerie nantaise* me paraît une nécessité de la situation. C'est une question d'actualité sur laquelle l'attention de l'autorité et celle du public doivent être attirées, *au point de vue de l'exécution pratique.*

« Elle est, en effet, la conséquence logique de deux faits capitaux, admis par l'opinion nantaise : la Garde nationale et les travaux de défense.

« Repousser la formation d'une artillerie, serait admettre que le besoin d'une Garde nationale n'était pas sérieux ; dès lors, qu'il y a opportunité de s'arrêter à ce qui a été fait ; — que l'utilité des travaux de défense adoptés par le Comité est contestable et, dès lors, qu'il n'y a pas lieu de les exécuter ; — enfin, que la situation ne présente rien de redoutable, au point de vue particulier à Nantes, et, dès lors, qu'il n'y a plus rien à faire pour parer aux éventualités de l'avenir.

« Parler plus tôt eût été très inopportun ; car le public se fût alarmé de l'absence de cette force militaire dont on lui signalait la haute importance. Ne pas parler, actuellement, eût été le fait d'un mauvais citoyen ; car l'autorité exécutive possède actuellement (ce qu'elle n'avait pas il y a peu de jours) les moyens locaux de nous doter d'une artillerie répondant aux exigences de la situation. A chaque jour son œuvre, pour seconder efficacement les patriotiques et intelligents efforts du Gouvernement de la Défense nationale. Oui ! à chaque jour son œuvre, jusqu'à ce que (jour béni ! jour à jamais mémorable !) le dernier Prussien ait repassé la frontière de la France.

« Mon projet pour la formation d'une artillerie de la Garde nationale de Nantes ne s'est inspiré, en définitive, que de l'esprit, souvent même du texte des décrets du 3 et 10 novembre 1870, qui créent des batteries d'artillerie de Garde nationale mobile dans certains départements désignés et organisent les ouvriers mobiles et mobilisables travaillant pour la guerre dans les ateliers nationaux et ports, et enfin, de nos exigences locales.

« Les détails du projet sont basés également sur des faits accomplis ou des dispositions qui, aux termes des décrets du Gouvernement de la Défense nationale, doivent s'accomplir. Par exemple, l'introduction d'office dans l'artillerie des ouvriers travaillant dans les ateliers pour la guerre, la nomination des officiers par l'autorité exécutive, ce qui a rapport à l'équipement, à l'habillement et au matériel, etc...

« Notre Garde nationale se subdivise actuellement en deux bans : les hommes qui sont mobilisables, aux termes des décrets des 29 septembre, 11 octobre et 2 novembre relatifs à la mobilisation de la Garde nationale, et ceux qui n'étant pas mobilisables restent sédentaires.

« Nous devons donc avoir deux corps d'artillerie : l'un susceptible d'être mobilisé et l'autre restant sédentaire.

« L'artillerie de campagne française est composée actuellement de canons à balles et de canons à boulets. L'expérience a condamné irrévocablement la batterie mixte, c'est-à-dire composée de calibres différents.

« Nous devons donc avoir deux sortes de batteries, c'est-à-dire des batteries de mitrailleuses et des batteries de sept ou de rayés et, par conséquent, quatre batteries, c'est-à-dire deux batteries mobilisables et deux batteries sédentaires.

« L'artillerie de position fixe se compose de grosses pièces de tous les calibres. Celles que le Comité de défense a obtenu pour défendre Nantes, sont des pièces marines de 30. C'est à un service de 40 pièces, au moins, qu'il y a lieu de pourvoir.

« Nous devons donc avoir deux batteries de position fixe.

« En conséquence, c'est donc un nombre *mini-mum de six batteries* qui est indispensable à la Garde nationale de Nantes pour parer aux exigences de la situation, savoir : trois batteries mobilisables et trois sédentaires.

« Le personnel de la batterie de manœuvre sera le suivant :

     1 commandant de batterie ;
     3 officiers surveillants de section ;
     1 adjudant ;
     1 maréchal des logis chef, surveillant la ligne du matériel ;
     6 sous-officiers, un par pièce ;
     6 pointeurs ;
   36 servants, 6 par pièces ;
   36 conducteurs pour 72 chevaux de trait ;
     1 trompette.

« Le personnel complet de la batterie sera de 10 officiers, savoir :

     1 chef d'escadron ;
     1 capitaine adjudant-major ;
     1 chirurgien aide-major ;
     2 capitaines commandants ;

2 lieutenants en premier ;

2 lieutenants en second ;

1 officier comptable.

« Le personnel complet des sous-officiers sera de 15, savoir :

1 adjudant ;

1 maréchal des logis chef ;

1 maréchal des logis fourrier ;

12 maréchaux des logis.

« Le personnel complet des brigadiers des trompettes, des artificiers et des ouvriers, sera de 33, savoir :

12 brigadiers ;

3 trompettes ;

3 maréchaux-ferrants.

« 5° L'artillerie de la Garde nationale nantaise formera une légion comprenant deux régiments.

« Le premier régiment sera composé exclusivement des gardes nationaux sédentaires, et le second régiment des gardes nationaux susceptibles d'être ultérieurement appelés à la mobilisation aux termes du décret du 2 novembre 1870.

« Chaque régiment comprendra trois batteries, savoir : une batterie mobile, une batterie de réserve et une batterie de position.

« La batterie se subdivisera en trois sections.

« La batterie mobile aux six canons à balles (c'est-à-dire six mitrailleuses système Reffye) avec du matériel de 4.

« La batterie de réserve aura six bouches à feu, canons à boulets de 7 ou 12 rayés et son matériel sera de 12.

« La batterie de position fixe aura un nombre illimité de pièces, notamment des canons marins de 30.

« Les batteries mobile et de réserve auront, comme dans les batteries montées des régiments de ligne, des canonniers servants et des canonniers conducteurs.

« Les batteries de position fixe n'auront que des canonniers servants et des chefs pointeurs attitrés.

3 bourreliers ;

12 artificiers.

« Le nombre des canonniers servants ne pourra être moindre de 80, et celui des canonniers conducteurs sera, également, en minimum, d'un effectif de 80, soit, au total, 160 hommes.

« L'effectif complet de la batterie de la Garde nationale sera donc en minimum de 240 officiers, sous-officiers et artilleurs.

« Les cadres des officiers et sous-officiers du premier régiment seront nommés par l'autorité exécutive aux termes du décret du 10 novembre 1870.

« Dans le deuxième régiment, le colonel, les chefs d'escadrons, les capitaines commandants, les adjudants-majors, les aides-majors et les maréchaux des logis chefs seront seulement nommés par l'autorité exécutive.

« Ces officiers et sous-officiers s'occuperont immédiatement de la formation de leurs batteries et, aussitôt qu'elles seront constituées, les autres officiers, sous-officiers et brigadiers seront nommés à l'élection.

« Les cadres des escadrons seront recrutés savoir :

« 1º Parmi les artilleurs de l'ancienne artillerie de Nantes ;

« 2º Parmi les ouvriers mobilisables et sédentaires employés dans les ateliers travaillant pour la guerre et qui font l'objet du décret du 10 novembre 1870 ;

« 3º Parmi les marins qui font l'objet de l'article 2 du décret du 3 novembre 1870 ;

« 4º Parmi les gardes nationaux de bonne volonté qui préféreront le service de l'artillerie à celui de l'infanterie, et qui obtiendront l'autorisation préalable de leurs chefs actuels ;

« 5º Par une désignation de gardes nationaux faite d'office par M. le colonel de la garde nationale, sur la proposition de MM. les chefs de bataillon, dans le cas où les trois modes de recrutement ci-dessus spécifiés ne donneraient pas l'effectif minimum nécessaire.

« Dans ce cas, les gardes nationaux désignés seront choisis, savoir :

« 1º Pour les canonniers-servants, parmi les ouvriers d'art ;

« 2º Pour les canonniers-conducteurs, parmi les hommes habitués à la conduite des chevaux ;

« 3º Pour les canonniers-ouvriers, parmi les hommes exerçant les professions similaires.

« Quand la mobilisation aura lieu, tous les officiers et sous-officiers des deux premières batteries seront montés.

« Avant la mobilisation, il n'y aura que les chefs d'escadron, les adjudants-majors, les adjudants, les maréchaux de logis chefs, les trompettes et les canonniers qui seront montés.

« L'habillement de l'artillerie sera le même que celui de l'infanterie de la Garde nationale, sauf une distinction ajoutée au collet de la tunique, au képi et au pantalon.

« L'armement et l'équipement des hommes non montés seront les mêmes que ceux de l'infanterie.

« L'équipement des hommes montés sera celui des cavaliers de train d'artillerie.

« Les chevaux de selle et de trait, ainsi que les harnais nécessaires au service de chaque batterie seront obtenus par voie de réquisition (Article 8 du décret du 3 novembre 1870).

« Les harnais seront ceux en usage dans la localité ; mais ils seront modifiés pour être mis en rapport avec le matériel d'artillerie.

« Dans chaque régiment, un major, et dans chaque batterie un officier et un sous-officier seront mis immédiatement en solde, au titre de l'armée auxiliaire, pour être à même de s'occuper exclusivement de l'organisation de la batterie et de l'instruction des hommes. Un certain nombre d'hommes seront également appointés pour concourir à la préparation du matériel.

« 6° Ce projet n'est pas *ne varietur*. Il est certain qu'il aura besoin d'être revu et corrigé dans

son ensemble et dans ses détails, nous ne le sou-
mettrons à la publicité que comme une ébauche,
un premier texte propre à fixer la discussion sur
les principes et sur les détails capitaux. Nous ne
tenons absolument qu'à son objet final : obtenir
l'artillerie qui nous manque et dont nous avons
besoin.

« Aussi, solliciterons-nous tous les concours et
ferons-nous appel à toutes les bonnes volontés
pour arriver à la réussite.

« Nous faisons appel, avant tout, au patriotique
comité pour la formation d'une compagnie d'artillerie à Nantes (comité de MM. Paul Eudel et Jules
Labruyère).

« Nous ferons appel aux deux éminents comités
qui s'occupent avec persévérance et dévouement
intelligent de la difficile défense de Nantes, la Commission militaire et le Comité de défense.

« Et nous avons confiance dans la réussite ; car
nous sommes assurés d'avoir pour nous guider et
pour nous conseiller, MM. les officiers d'artillerie
qui sont actuellement dans notre ville.

« Oui ! nous comptons sur le bienveillant concours de M. le colonel de Reffye, de l'illustre inventeur des canons-mitrailleuses et des canons de sept
dont le système porte le nom. Il est actuellement à
Nantes, c'est dans les grandes usines de M. Voruz
qu'il fait fabriquer ses terribles canons, ces armes
supérieures à celles des Prussiens et qui nous
aident si puissamment à réparer nos désastres.

« Et nous comptons aussi, sur les conseils et
même sur l'assistance de MM. les officiers de la

direction d'artillerie, si le projet doit avoir son exécution. Ils voudront bien aider à la réussite, comme ils l'ont aidé à l'armement et à l'instruction de notre bataillon mobile d'artillerie, de l'escadron de M. Mesnard qui, en ce moment, prend une part si glorieuse dans la défense de Paris.

« Je terminerai cette lettre par la même conclusion que ma lettre sur la Défense de Nantes (*Phare de la Loire* du 10 Septembre 1870).

« Préparer les moyens de résistance pour une éventualité possible, afin de n'avoir pas à la redouter, tel doit être aujourd'hui, demain, toujours, tant que le pied prussien foulera le sol français, le premier, le seul souci de la population de la ville de Nantes.

« Que l'autorité locale ne commette pas, en petit, les fautes commises en grand par le gouvernement impérial : qu'elle assure minutieusement le service matériel de la défense dans tous ses détails : *Le patriotisme nantais fera le reste.*

« 7° La question de la formation d'une artillerie de la Garde nationale s'impose à Nantes à l'opinion publique comme une double conséquence logique et de ce qui a été fait et de ce qui reste à faire.

« Ce projet ne peut avoir malheureusement, en son entier, une exécution immédiate. Il faut que l'autorité exécutive, malgré toute sa bonne volonté, compte avec les exigences de toutes sortes d'une situation difficile et complexe. Mais ce projet peut avoir, tout de suite, un commencement d'exécution propre à donner satisfaction aux besoins du présent, tout en préparant les voies pour l'exécution entière, si (ce qu'à Dieu ne plaise) le besoin de l'exécution entière venait à s'en faire sentir.

« Les exigences de la plus vulgaire prudence demandent la formation immédiate de deux batteries, l'une mobilisable, l'autre sédentaire, batteries qui serviraient de modèle à celles qui seraient ultérieurement reconnues nécessaires.

« Nous demandons donc l'adoption et l'exécution des dispositions suivantes :

« L'artillerie de la Garde nationale de Nantes sera composée, pour commencer, de deux batteries : l'une mobilisable et l'autre sédentaire.

« La première batterie sera recrutée parmi les hommes mariés de 20 à 40 ans, qui ont été mobilisés par le décret du 2 novembre 1870.

« Les hommes de cette première batterie partiront en même temps que les gardes nationaux d'infanterie, formant le même ban de mobilisation.

« La batterie sédentaire sera recrutée parmi les hommes au-dessus de 40 ans et, également, parmi les hommes au-dessous de 40 ans, non susceptibles de mobilisation, par suite d'exceptions de positions légales.

« Le cadre des officiers et sous-officiers de la batterie mobilisable seront nommés par l'autorité exécutive aux termes du décret du 10 novembre 1870.

« Le commandant de la batterie sédentaire sera nommé par l'autorité exécutive, ainsi que le maréchal des logis chef, et, aussitôt que le cadre de la batterie sera constitué, les autres officiers, sous-officiers et brigadiers seront nommés à l'élection.

« Le recrutement des artilleurs se fera de la manière suivante :

« 1° Pour les deux batteries parmi les gardes nationaux de bonne volonté ;

« 2° Pour la batterie mobilisable parmi les ouvriers marins de 20 à 40 ans employés dans les ateliers travaillant pour l'Etat et qui sont l'objet du décret du 10 novembre 1870 ;

« 3° Pour les deux batteries parmi des hommes désignés d'office par M. le commandant de la Garde nationale pris parmi les ouvriers dont le métier les rend plus aptes au service de l'artillerie si les deux modes de recrutement précités ne fournissaient pas le minimum de l'effectif à la constitution des batteries.

« Le matériel sera fourni par le concours de l'Etat et par l'initiative particulière.

« En attendant, l'instruction se fera sur les réserves et les modèles déposés à la direction d'artillerie de Nantes.

« Dans chaque batterie, un officier et un sous-officier instructeurs seront mis immédiatement en solde au titre de l'armée auxiliaire et attachés à l'artillerie de la garde nationale de Nantes.

« 8° Vous demandez beaucoup, me dira-t-on, peut-être.

« Non ! nous ne demandons que le strict nécessaire.

« Il était de règle, en France et à l'étranger, de compter, dans les circonstances ordinaires, 2 bouches à feu pour 1000 hommes d'infanterie et 4 par 1000 hommes de cavalerie. Les Russes, les premiers, ont dépassé ces proportions. Les Prussiens les ont imités ; puis, à leur tour, ils ont augmenté leur artillerie.

« Quelle doit être, actuellement, la proportion pratique ?

« Il faut admettre, d'après les récits des engagements qui ont lieu journellement, que l'ancienne proportion paraît doublée.

« Mettons donc en ligne le plus d'artillerie qu'il nous sera possible, et ne craignons pas d'atteindre à un maximum.

« Il est certain qu'un trop grand nombre de bouches à feu est une source d'embarras et de désordre dans les marches en avant, et que, dans la retraite, l'artillerie augmente la confusion et force l'arrière-garde à s'arrêter et à lutter contre l'ennemi pour sauver le matériel. Mais qu'y faire ? Les Prussiens ont une artillerie puissante et manœuvrière ; il nous faut donc, forcément, leur opposer un nombre à peu près égal de bouches à feu.

« N'oublions pas, à notre point de vue local, qu'à Nantes, l'effectif de la Garde nationale est d'environ 15.000 hommes répartis en six bataillons, et que ce nombre serait porté probablement à 18.000, si un corps prussien se dirigeait sur Nantes, par l'adjonction des volontaires et d'une partie des Gardes nationales des environs.

« Le nombre des canons doit être réglé d'après l'effectif d'artillerie que l'ennemi doit opposer ; mais il faut aussi compter sur le plus ou le moins de solidité des troupes à engager.

« Nous ne pouvons nous dissimuler que les armées allemandes sont aguerries et bien commandées, et que le succès les a enhardies ; d'un autre côté, que nos braves armées civiques, improvisées par le patriotisme, ont à suppléer par leur courage et par leur audace à ce qui leur manque en expérience de la guerre, surtout dans les premières rencontres. Or, c'est précisément dans ces conditions que, jusqu'à ces derniers temps, la plupart des récits des combats, des batailles et des sièges ont répété (fait exact) que les canons prussiens avaient décidé de la victoire !...

« Nous avons, maintenant, devant l'ennemi, une artillerie formidable, grâce aux efforts suprêmes tentés, de ce côté, par le Gouvernement de la Défense nationale.

« Les départements, les villes, les corporations, les particuliers ont répondu à son appel. Partout, les ateliers privés rivalisent d'activité avec les ateliers nationaux ; partout, des compagnies, des batteries, des régiments d'artillerie s'organisent.

« Lyon, Marseille, Bordeaux, Angers ont de l'artillerie. Suivons, à Nantes, cet exemple, puisqu'il est certain qu'il est dans la vérité pratique de la situation. Oui ! ayons aussi des canons et apprenons à nous en servir.

« Heureux si, au pis aller, au lieu d'être consacrés à concourir à la défense de notre ville, nos canons ne devaient être appelés qu'à tirer des salves d'allégresse en l'honneur de la défaite des armées allemandes !

« Baron TEXTOR DE RAVISI,

« Ancien chef de bataillon d'infanterie de la marine,
« Percepteur des Contributions directes
du 4ᵉ arrondissement de Nantes. »

CHAPITRE IV

La Municipalité se décide à agir — Le colonel Doré est chargé de la formation de l'artillerie nantaise — Composition du nouveau Comité d'organisation — Ses décisions — Recrutement des adhérents dans la Garde nationale — Noms des engagés — Confection d'une liste pour l'élection des cadres (7 Décembre 1870, 8 Janvier 1871).

Ni l'éloquence patriotique de Textor de Ravisi, ni les résolutions énergiques du Comité républicain n'eurent, tout d'abord, le succès que nous espérions mes amis et moi. Il faut bien le dire, malgré les désastres de ce terrible mois de décembre où les nouvelles de nos défaites se succédaient avec une rapidité effrayante, l'enthousiasme des défenseurs nantais restait modéré, et les raisons de prudence qui avaient empêché au début beaucoup de gardes nationaux de s'enrôler dans la batterie en formation, subsistaient tout entières.

Le 7 décembre, après une réunion qui n'avait pu aboutir, Julien Labruyère m'écrivait :

« Personne n'est venu au rendez-vous que j'avais assigné chez Mangin.

« L'indifférence nous écrase.

« Il n'y a que Textor à qui il reste de l'enthousiasme. »

Par surcroît, le préfet qui, dans l'entrevue du 3 Décembre, paraissait disposé à donner suite aux propositions du Comité d'organisation, hésitait à agir depuis que le Ministre de l'Intérieur, par dépêche du 4 décembre, avait suspendu la mobilisation des hommes mariés et des veufs sans enfants.

Cependant je ne désespérai pas et poursuivai mon projet, multipliant mes démarches et faisant appel au patriotisme de mes compatriotes.

J'eus enfin la joie de me voir écouter. La Municipalité, comprenant la nécessité de pourvoir d'artillerie les défenseurs de Nantes, se décida à confier au colonel de la Garde Nationale, Ph. Doré, le soin de procéder à sa formation. Un nouveau Comité de sept membres fut constitué. Ph. Doré, colonel de la Garde Nationale de Nantes, le présidait ; les membres étaient :

Colonel de Reffye ;
Baron Textor de Ravisi ;
Lefebvre ;
Julien Labruyère ;
Paul Eudel ;
Gaston Roy.

Le 10 décembre, chacun des membres de la Commission reçut la convocation suivante :

MAIRIE DE NANTES
—o—
BUREAU DU MAJOR
de la
GARDE NATIONALE
—
Objet
—
Commission pour la création d'artillerie dans la Garde Nationale sédentaire

Nantes, le 10 Décembre 1870.

« Le Colonel à M. P. Eudel,

« Monsieur,

« Monsieur le Maire de Nantes, m'ayant chargé de l'organisation d'un corps d'artillerie pour la Garde Nationale sédentaire, j'ai l'honneur de vous informer que je vous ai désigné pour faire partie du Comité qui, sous ma présidence, doit s'occuper de cette formation.

« J'espère, Monsieur, que vous voudrez bien nous prêter votre concours et assister à la première séance de la Commission qui aura lieu demain dimanche à la mairie, au bureau de l'Etat-Major, à 4 heures.

« Agréez, Monsieur, l'assurance de ma considération très distinguée.

Le Colonel,

Ph. DORÉ.

A l'ouverture de la séance, le président fit l'exposé de la situation :

« La Commission, dit-il, est réunie pour étudier l'organisation d'un corps d'artillerie dans la Garde nationale de Nantes. Ce corps doit être recruté principalement dans les hommes de 21 à 40 ans, faisant partie actuellement de cette Garde nationale. Comme le nombre total des hommes de cet âge est d'environ 4.000, le contingent qu'on en peut distraire, sans désorganiser l'infanterie, ne peut pas dépasser 1.500 hommes.

Ces premières bases admises, la Commission s'occupa de la question primordiale du recrutement. Elle fut d'avis qu'il devait se faire dans la Garde nationale de Nantes par voie d'engagement volontaire.

1° Parmi les hommes de 21 à 40 ans ;

2° Parmi les hommes au-dessus de 40 ans qui voudraient faire partie de l'artillerie.

Ces derniers seraient prévenus que, par suite de leur entrée dans ce corps, ils s'engageaient à le suivre partout où il irait et renonçaient au droit que leur donnait leur âge de rester dans la Garde nationale sédentaire, si les hommes mariés, de 20 à 40 ans, formant la majorité du corps, venaient à être appelés à un service actif.

La Commission fut amenée ensuite à décider si les batteries à former seraient à cheval, montées ou à pied.

En principe, elle fut d'avis de s'en tenir à des batteries à pied. Cependant, comme la nouvelle artillerie pouvait être appelée à rendre des services en campagne, en dehors des points fortifiés et défendus par des pièces fixes, la Commission décida que le cas échéant, on réunirait par voie de réquisition, par exemple, dans les entreprises d'omnibus et de camionnage, le nombre de chevaux nécessaires pour le transport des batteries. Chaque batterie devrait, d'ailleurs, contenir un nombre suffisant de canonniers conducteurs, qui s'exerceraient à l'avance, et feraient leur instruction en même temps que les canonniers servants.

La discussion s'engagea alors sur le nombre d'hommes nécessaires pour former chaque batterie. La Commission s'arrêta au chiffre de 240 hommes, tout compris.

D'après ces données, on pourrait, si le nombre des adhérents était suffisant, former 6 batteries d'artillerie, ce qui, à 240 hommes par batterie, donnerait un total de 1440 hommes. En supposant que le nombre des volontaires au-dessus de 40 ans ne s'élevât qu'à 240, il n'y aurait donc à distraire des 4.000 hommes d'infanterie de la Garde nationale que 1200 hommes, chiffre parfaitement d'accord avec les bases posées au commencement de la séance par le président.

Si le nombre des adhérents pour chaque arrondissement de Nantes était suffisant, il serait formé 6 batteries, correspondant aux 6 arrondissements. Sinon, le nombre des batteries serait réduit en proportion du nombre des adhérents.

Il restait à s'occuper du matériel.

Mais, sur ce point, la Commission fut obligée de reconnaître qu'il était impossible de déterminer exactement à l'avance les ressources que le Gouvernement pourrait mettre à la disposition de la Garde nationale de Nantes. La question du personnel primait de beaucoup pour le moment celle du matériel. Il était urgent, surtout, de former un corps d'artilleurs. En cas de besoin, le Gouvernement n'hésiterait pas à mettre entre les mains de ce corps d'artilleurs une partie des ressources si nombreuses qui se trouvaient dans les arsenaux de Nantes.

Néanmoins, l'avis du colonel de Reffye, adopté par la Commission, fut que la combinaison la plus avantageuse serait d'avoir 2 batteries de canons de 7 et 4 batteries de mitrailleuses.

Quant à l'armement, le Colonel Doré fit observer qu'il y avait au Château de Nantes 550 carabines de gendarmerie, et qu'en cas de besoin, les fusils de la Garde nationale pourraient être adaptés au service de l'artillerie.

Pour terminer, la Commission s'occupa des deux questions plus spéciales de l'uniforme et des cadres. Elle décida que la tenue ne différerait de celle de l'infanterie que par le pantalon d'artilleur à double bande rouge et par les boutons jaunes. Pour les cadres, elle adopta les dispositions arrêtées dans le projet Textor de Ravisi, avec cette restriction que l'Etat-Major ne se composerait, provisoirement, que d'un chef d'escadron et d'un capitaine adjudant-major.

Ces cadres seraient nommés conformément à la loi sur la Garde nationale sédentaire.

Telles furent les principaux projets adoptés dans

cette première séance de la Commission. Ils devaient subir bien des modifications avant d'entrer dans la période d'exécution, et les événements allaient renverser quelques unes des idées qui étaient chères à mes amis et à moi.

Le colonel Doré montra, tout d'abord, la plus grande activité. Dès le 20 décembre, les chefs de bataillon de la Garde nationale reçurent, par ses soins, un travail indiquant la marche générale adoptée pour l'organisation du corps d'artillerie. Ils furent invités à procéder sans retard au recrutement de l'escadron.

Voici quels étaient, à ce moment, les chefs de la Légion :

Premier Bataillon

Commandant : Landreau (décédé). Capitaine Trouillard, de la 5e Compagnie, faisant l'intérim.

Capitaines : Revel, Armansin, Ducos, Daoulas, Trouillard, Birot, Martineau, Lesourd.

Deuxième Bataillon

Commandant : Lesage.

Capitaines : Boismen, de Lorgeril, Paul Renaud, des Jamonières, de Sallier-Dupin, Joseph Bureau, Morin Prémion.

Troisième Bataillon

Commandant : Eon du Val.

Capitaines : Henri Polo, Braud, Chéguillaume, Rolland, Zaniter, Drouet.

Quatrième Bataillon

Commandant : Legal.

Capitaines : E. Dagault fils, André Moreau, Savarriau, Fulgence Coulon, Armand Andrieu, Leduc.

Cinquième Bataillon

Commandant : Lefèvre.

Capitaines : Crémieux, Sossa, Le Gavre, Glochon, Maréchal, Desmas.

Sixième Bataillon

Commandant : Lesénéchal.

Capitaines : Guihery-Deslandelles, Clergeau, Jean Guéron, Joseph Brissonneau, Saillard, de Marolles.

Chacun de ces officiers s'occupa, dans son bataillon et dans sa compagnie, de réunir des volontaires pour l'escadron d'artillerie. Mais les difficultés qui avaient empêché le premier appel de la Commission d'être entendu, arrêtèrent, cette fois encore, le recrutement. Les hommes mariés, qui devaient fournir la majorité du contingent, connaissaient la dépêche du 4 décembre. Ils savaient que leur mobilisation était ajournée. Qui sait si elle aurait jamais lieu ? Au contraire, en s'engageant dans l'artillerie, il fallait s'engager à suivre le nouveau corps partout où il serait appelé et renoncer au droit que donnait l'âge de rester dans la Garde nationale sédentaire. Le sacrifice était au-dessus du patriotisme du plus grand nombre des légionnaires

Au lieu de 1.200 à 1.500 engagements, c'est à peine si les efforts du colonel Doré, de Labruyère, de Gaston Roy et les miens purent en réunir 120. Il y eut des compagnies qui ne fournirent pas un seul artilleur. Le dévouement des engagés en est d'autant plus digne d'éloges. Les noms de ces patriotes nantais méritent d'être conservés.

Premier Bataillon

1re Compagnie : Victor, sous-lieutenant.

2e : Ange-Marie Rault, sergent ; Alphonse Guittet, menuisier ; Louis-Félix Cureau, perruquier ;

3e : Hilaire Coquard, ex-artilleur ; Félix Rousseau ; Alfred Rouseilles.

4e : Emile Kerneux.

5e : René Clément, caporal.

6e : Stanislas Dréano, menuisier ; Jean Dauffy, couvreur ; Dissard, raffineur ; Pierre Fresnelle charpentier ; Auguste Garraud, brossier ; J.-M. Hachette, manœuvre ; François Gledel, maçon ; Kerviaud, garçon ; Julien Lepiouf ; François Molier ; François Moreau, couvreur ; Louis Ricoulleau.

7e : Narcisse Julčau ; Leboterf, propriétaire ; François Normand ; Jules Thebeaut ; Jacob Bridoux ; Félix Cormerais ; René Gohier.

Deuxième Bataillon

1re Compagnie : Autrefrais, ex-artilleur ; Guillaumart ; Archer ; Aubry, Audiger.

2e : Louis Tremblet.

3ᵉ : Honoré Guibertiau aîné, ex-artilleur ; François Peignon, ex-brigadier artilleur : Pierre Nicolas, ex-artilleur.

4ᵉ : René Moreau, buraliste.

5ᵉ : Prosper Lacotte, cordier.

6ᵉ : Jamoneau, camionneur, ex-chef de pièce pointeur breveté ; Cussonneau, charpentier, ex-pointeur breveté à bord de l'*Uranie*, à Toulon ; Julien-Marie Audrain ; Jules Caillé, jardinier ; Louis Blais ; Boucaud ; Louis Huchet ; Donatien Guilloun, tonnelier ; Jules Audrain.

7ᵉ : J.-M. Godard ; Donatien Chapeau, ex-artilleur.

Troisième Bataillon

1ʳᵉ Compagnie : Guibert, sergent ; Bouyer, marchand tailleur ; Bougon.

2ᵉ : Henry Druneau ; Ambroise Lesimple, tapissier ; Bouvais fils aîné, cordonnier.

3ᵉ : Pierre Savard, corroyeur ; Henry-François Meinot, cordonnier ; Pitre Greslé, menuisier.

3ᵉ : Goubard, sergent, ex-brigadier d'artillerie ; René Delplamque ; Gauthier ; Henri Daguet ; Gendron ; Frédéric Chevreuil ; François Garrivau ; Auguste Leroy ; Jules Lemerle.

5ᵉ : Héry, caporal ; Barillé ; Jamon ; Alcide Pinoul.

6ᵒ : Sarradin fils, parfumeur ; Legrand.

Quatrième Bataillon

1ʳᵉ Compagnie : Gabriel Dessolmes ; Pierre-Victor Dugast ; Charles Lefebvre.

2ᶜ : Amédée Masselin ; J.-M. Moisan ; J.-M. Charpentier ; Armand Bournigal ; Philippe Lainé ; Pierre Le Helloco ; Nicolas Pouplain, tous anciens artilleurs de la Garde.

4ᶜ : Joachim Gratton ; J.-Bᵗᵉ Bageon ; J.-B. Schuffneker ; Léon Moreau ; François Grand-Jouan ; Jean-Marie Moisan ; Joachim Thomas ; Pierre Lebastard.

6ᶜ : Rabot ; Charles Bonsergent, bourrelier ; Louis Bonsergent, bourrelier.

Cinquième Bataillon

1ʳᵉ Compagnie : Ferdinand Ledentu, minotier ; Pierre Cherel, frappeur ; Alphonse Biret, chaudronnier ; Lemesle, camionneur.

2ᶜ : Paul Eudel, négociant ; Thomas Legourrierec, professeur ; Mathurin Lechène, frotteur.

3ᶜ : Louis Didion, pianiste ; Morel, libraire ; J.-B. Poulain, marchand de jouets.

4ᶜ : Edouard Corhumel, négociant ; Jean Goubin, journalier ; Alexandre Maréchal, facteur de pianos ; Rigaud, plâtrier ; Arthur Viel, peintre ; Jean Demy, marchand de vins ; Achille Vineaux, comptable.

5ᶜ : Bethune ; Jules Levesque ; Pierre Audet ; Pierre Billiard ; François Blanchard ; Gaston Roy, avocat ; Emile Massard ; Godefroy.

6ᶜ : Hippolyte Durand-Gasselin, sergent, banquier ; Georges Durand-Gasselin, sergent fourrier, architecte ; J.-M. Armouet, menuisier ; Alfred Chapot.

Sixième Bataillon

2ᵉ Compagnie : Bruneau des Houillières ; Henneau ; Lavergne.

6ᵉ : Auguste Bouté, portefaix.

A ces signatures vinrent s'ajouter un certain nombre d'adhérents volontaires, parmi lesquels figurèrent presque tous les initiateurs du projet.

C'étaient : Moller ; Martin ; Boutinière ; Armange, capitaine au long cours ; J. Labruyère ; Emile Boutin ; Bardon fils ; Bâti, huissier ; Alexis Jobard ; Habrioux, propriétaire ; H. Lecomte, négociant ; A. Giraudeau, avocat ; Chevallier, négociant ; Antonio Carré ; F. Héraud, négociant ; Lenoir, architecte ; Auguste Daguin ; Tharreau ; Guerre, négociant ; G. Perthuis jeune, négociant ; Dambroise, négociant ; G. Sirand, négociant ; P. Vaugeois, négociant ; Guiberteau, portefaix ; Bonneau, portefaix ; Poilane, boulanger ; Laubadère, carrosseur ; E. Mercier, pharmacien ; Ohio, herboriste, porte-drapeau ; Beuschet, ancien clerc de notaire ; Beatrix ; baron Textor de Ravisi ; Bonneau, pâtissier ; Pivart, débitant ; Auguste Braud, sabotier, ex-maréchal des logis d'artillerie ; Jules Braud, sabotier.

Tous ces engagements réunis ne s'élevaient qu'à 165.

Il y avait de quoi décourager les plus optimistes. D'autres que mes amis s'en seraient tenus là, et auraient abandonné leur œuvre. Le colonel Doré était à peu près d'avis de laisser le projet dans les cartons, malgré l'appoint des cinquante adhérents volontaires que le comité lui avait amenés en dehors de la filière de la Garde nationale.

Mais passionnés pour leur idée première, J. Labruyère, Gaston Roy et moi, nous réussîmes à obtenir du colonel de commencer toujours par organiser une première batterie type, de nature à encourager de nouvelles adhésions à se produire.

L'exemple de J. Labruyère, exempté de la Garde nationale comme magistrat, et de moi-même libéré comme consul d'une puissance étrangère, tous deux renonçant au bénéfice de ces dispenses pour accomplir notre tâche, ne pouvait manquer de lever certaines hésitations.

Il fut décidé qu'on procéderait à l'élection d'une partie des cadres. Des ordres de service convoquèrent tous les adhérents à la Mairie, salle du Conseil Municipal, pour le dimanche 8 janvier 1871, à 9 heures du matin. Trois officiers, huit maréchaux des logis, huit brigadiers, un adjudant, un maréchal des logis chef, un maréchal des logis fourrier devaient être élus dans cette réunion.

Une liste fut composée avec le plus grand soin, de manière à donner satisfaction à tous. Très démocratique, elle comprenait dix anciens artilleurs de l'armée, un capitaine au long-cours, un élève de l'Ecole polytechnique, des officiers et des sous-officiers de la Garde Nationale, et comme de raison quelques-uns des membres du premier comité d'organisation, adhérents de la première heure. J. Labruyère, G. Roy et moi nous trouvâmes naturellement portés en tête de la liste.

Nous acceptâmes l'honneur que nous faisait le

Comité. Nous avions eu l'initiative de la formation de l'artillerie, notre devoir nous commandait d'en conserver la responsabilité jusqu'au bout, sous peine de voir succomber l'œuvre que nous avions entreprise.

Voici la composition de la liste tout entière :

ÉLECTIONS DU 8 JANVIER 1871

1re *Batterie d'Artillerie*

Capitaine : M. LABRUYÈRE, Julien, membre de la Commission d'organisation ;

Lieutenant en premier : M. ROY, Gaston, ancien élève de l'Ecole Polytechnique ;

Lieutenant en deuxième : M. EUDEL, Paul, membre de la Commission d'organisation ;

Adjudant : M. BRAUD, Auguste, ex-maréchal des logis d'artillerie ;

Maréchal des logis chef : M. BARDON, Alexandre, fourrier dans la Garde Nationale ;

Maréchal des logis fourrier : M. CORHUMEL, Edouard.

Maréchaux des logis :

M. COUBART, ex-brigadier d'artillerie ;

M. PEIGNON, ex-brigadier d'artillerie ;

M. ARMANGE, capitaine au long-cours, sous-lieutenant de la Garde Nationale ;

M. GIRAUDEAU, sergent de la Garde Nationale ;

M. HABRIOUX, caporal de la Garde Nationale ;

M. COQUARD, ancien canonnier ;

M. BOUTIN, membre du Comité d'organisation ;

M. DURAND-GASSELIN, Hippolyte, sergent de la Garde Nationale.

Brigadiers :

M. Bonsergent, bourrelier ;

M. Cunonneau, ancien pointeur breveté ;

M. Lefebvre ;

M. Guiberteau, ancien canonnier ;

M. Sarradin, fils ;

M. Jamonneau, ancien chef de pièce ;

M. Pivart, ancien brigadier sellier d'artillerie ;

M. Leroy, Eugène, ancien canonnier.

CHAPITRE V

Incident Durand-Gasselin — Protestation de l'Union Démocratique — Remise de l'élection — Réunion préparatoire du 10 Janvier — Déclaration de J. Labruyère et de Paul Eudel — Liste provisoire de candidats — Gaston Roy se sépare de ses amis — Elections du 12 et du 15 Janvier — Démissions de Paul Eudel et de Julien Labruyère — Proposition de former une compagnie de volontaires avec tous les membres du Comité républicain (8-19 Janvier 1871).

Le Comité avait fait pour le mieux. On ne pouvait procéder à l'élection de tout un corps d'officiers sans préparer, à l'avance, une liste de candidats, destinée à empêcher la dispersion inutile des suffrages.

Malheureusement il n'y avait que 22 grades à distribuer. Etait-il possible qu'il n'y eut pas de mécontents ? L'opposition ne tarda pas à prouver le contraire.

On avait porté sur la liste Hippolyte Durand-Gasselin, banquier, pour un grade de sergent.

Mais son frère Georges, architecte, sollicita vainement la même faveur. Le Comité rejeta sa candidature, même après les sollicitations les plus pressantes d'Hippolyte Durand-Gasselin qui offrait de se retirer pour lui céder la place :

« Puisque mon frère, écrivit-il au Comité, tient à un grade, ne pourrait-on pas le considérer comme porté sur la liste, à ma place, comme maréchal des logis ? Si je suis désigné comme sergent de la 6ᵉ, il peut passer sous la même désignation.

« Dans ce cas, je me retire jusqu'à une autre occasion.

« Votre dévoué,

H. Durand-Gasselin. »

La réunion du 8 janvier fut orageuse.

L'opposition se groupa autour de Georges Durand-Gasselin, et les mécontents, dès leur entrée dans la salle du scrutin, protestèrent contre la liste qu'on distribuait, réclamèrent des élections préparatoires, et en fin de compte se retirèrent.

L'*Union démocratique*, le journal du parti radical en antagonisme avec les républicains modérés qui composaient la majorité de la liste du Comité, ne manqua pas de publier le récit de ces incidents. Il ne pouvait parler en toute connaissance de cause, car il les avait certainement préparés en sous main :

Nantes, le 8 janvier 1871.

« Depuis quelques semaines, une Commission d'organisation avait pris l'initiative de former de l'artillerie dans la Garde nationale de Nantes, appelée à la défense de la ville et des points environnants, menacés par l'invasion prussienne.

« Dans chaque Compagnie de la Garde civique, il a été fait appel au dévouement et au patriotisme des citoyens, pour s'enrôler dans ce corps de nouveaux défenseurs de la patrie.

« Avant hier seulement, des ordres de service furent envoyés aux enrôlés pour nommer le Capitaine, les officiers, sous-officiers et brigadiers. Chacun se demanda si cette manière de procéder à des élections n'était pas un de ces moyens employés dans les campagnes lors d'une élection sous l'Empire, et l'on put constater, dimanche matin, que rien n'était changé dans le mode électoral du régime bonapartiste.

« A la porte de la salle du Conseil Municipal, où chaque volontaire artilleur était appelé à se présenter, un employé, à défaut du garde-champêtre, présentait une liste de tout le personnel complet d'un état-major de la batterie improvisée, désigné par une coterie ou par les membres de la Commission d'organisation.

« L'on s'étonna de la bifurcation que les nouveaux prétendants à l'élection faisaient prendre au suffrage universel et la protestation fut générale.

« Force fut au bureau électoral de remporter son urne en décrétant toutefois que, vu la résistance de l'Assemblée, une réunion préparatoire aurait lieu mardi soir, à la Mairie, et que l'élection définitive des chefs appelés à commander les nouveaux artilleurs, serait définitive avant la fin de la semaine.

« Il était juste qu'une protestation eût lieu.

« Quelle garantie de capacité peut offrir une liste sur laquelle sont portés, en première ligne, aux premiers grades, des hommes qui n'ont jamais servi dans aucun corps d'armée, et encore bien moins dans l'artillerie.

« Ne serait-il pas juste, au moment du danger (malheureusement il n'est pas éloigné), que les hommes dévoués qui veulent présenter leurs poitrines à l'ennemi soient commandés par d'autres hommes dont les capacités puissent leur donner la confiance et le courage de marcher sans crainte au-devant de l'ennemi ?

« Aujourd'hui, la Garde nationale n'est plus, comme jadis, une organisation de parade ; l'ennemi envahit le sol de la patrie ; il faut que cette institution toute républicaine ait à sa tête des citoyens sur lesquels elle puisse compter pour le courage, pour le dévouement et surtout pour la pratique dans les commandements et les exécutions de l'artillerie.

« Ne serait-il pas plus juste de faire appel, pour les chefs de la nouvelle artillerie, aux capitaines du long-cours, à qui le manque de commerce permet de se mettre à la disposition de la Défense nationale, malgré qu'il ait été répondu à plusieurs d'entre eux, par le Comité de Défense, qu'on n'avait pas besoin de leurs services. Les hommes qui naviguent au long cours ont fait leur service à bord des navires de l'Etat, savent manœuvrer et faire manœuvrer une pièce de canon.

« Habitués aux dangers de la mer, on peut compter sur eux pour marcher en avant, quand la mitraille moissonne.

« Si l'on est difficile et que l'on ne veuille pas d'eux, il y a un autre moyen que personne ne peut réprouver, c'est de prendre dans la marine de l'Etat, aujourd'hui en partie désœuvrée, des officiers de cette marine, qui seraient heureux de venir commander des citoyens qui, comme eux, ne demandent qu'à verser leur sang pour la patrie en danger et la République naissante.

« Il y a des frégates françaises à Civita-Vecchia ; qu'y font-elles ? Est-ce que leurs officiers ne seraient pas mieux parmi nous qu'à maintenir une croisière dont le but nous échappe ?

« Voilà les moyens d'arriver à une bonne solution pour former une ou plusieurs batteries dont les artilleurs auraient pour mission de défendre la patrie et de mourir sur les pièces plutôt que de les rendre ou de les enclouer.

« Mais si, revenant à la liste donnée à la porte de la mairie, on persiste à nommer comme capitaine, officiers et sous-officiers, des hommes qui n'ont de connaissance sur l'artillerie que la plume de l'avoué, du négociant, du marchand de sucre ou du commis, on ferait mieux de consentir, comme a fait Rouen, à une reddition honorable, qu'à une défense sans théorie et sans pratique, née de l'orgueil et, ce qui est pis, peut-être de la réaction. »

La lettre était signée : *Un Artilleur de la 1re Batterie* ». On sait trop ce qu'il faut penser de ces communications adressées à point nommé au directeur d'un journal, pour ne pas lire derrière ce déguisement militaire le nom du rédacteur en chef de l'*Union Démocratique*, l'ancien représentant du peuple F. Cantagrel.

Le même numéro du journal publiait l'avis officiel suivant, émané du Comité :

« La liste des citoyens qui se sont fait inscrire pour composer la première batterie de la Garde nationale sédentaire de Nantes est affichée à l'Hôtel de Ville.

« Une réunion préparatoire pour l'élection aux différents grades aura lieu mardi soir, à 7 heures 1/2, dans la salle des cérémonies publiques. L'élection se fera jeudi soir, à 7 heures 1/2, dans la salle des séances du Conseil ».

La lutte était ouverte. Mais les persévérants initiateurs l'acceptèrent sans hésitation. Ils avaient trop conscience de leur devoir et des difficultés de la tâche qui leur restait à accomplir pour abandonner leur œuvre aux premières injonctions d'un groupe d'ambitieux déçus. Quant à l'*Union Démocratique* et à son rédacteur en chef, leur patriotisme aboutissait à peu près à cette conclusion : « Périsse l'artillerie nantaise pourvu que nos adversaires politiques ne soient pas à sa tête ».

C'est ce qui allait fatalement arriver, le Comité démocratique et les opposants de la Garde nationale n'ayant aucun nom à mettre à la place de celui de M. Gaston Roy, qui avait pris l'engagement d'honneur de se solidariser avec ses amis et de refuser le grade de capitaine, réservé à Julien Labruyère.

Le 10 janvier, à l'heure indiquée, un certain nombre de gardes nationaux devant former la première batterie, se trouvèrent réunis dans la salle des cérémonies publiques.

Le bureau, formé par acclamations, se composa du baron Textor de Ravisi, président ; de Jacques Cressac et Pierre Audet, assesseurs.

Le président exposa le but de la réunion, qui était le choix de candidats aux grades de capitaine, lieutenant en premier, lieutenant en second, sous-lieutenant, adjudant, maréchal des logis chef, maréchal des logis fourrier, huit maréchaux des logis. Il expliqua quelles conditions devaient, selon lui, réunir les candidats aux différents grades dans l'artillerie, puis donna la parole à Julien Labruyère.

Le sympathique avoué fit un exposé sommaire des démarches nombreuses que lui, Gaston Roy et moi, ainsi que quelques autres citoyens convaincus de l'utilité de la formation de plusieurs batteries d'artillerie de la Garde nationale, avaient faites pour arriver à cette création ; les difficultés nombreuses qu'ils avaient éprouvées, et, enfin, le résultat heureux auquel ils étaient parvenus. Puis, arrivant à l'élection en cause, il ajouta qu'un premier noyau d'une quarantaine de futurs artilleurs, voulant reconnaître les soins et les peines qu'ils s'étaient donnés avaient proposé à Gaston Roy le grade de premier lieutenant, à Paul Eudel celui de second lieutenant, et à lui-même celui de capitaine. Tous trois avaient cru pouvoir accepter ces candidatures et avaient dressé une liste de candidats aux grades d'officiers, sous-officiers et brigadiers. Mais puisqu'ils rencontraient une opposition, qui paraissait peu favorable, à leur candidature, ils n'entendaient pas disputer les grades qui leur avaient été proposé dans le principe.

« Ils se désistaient donc absolument, Paul Eudel, Gaston Roy et lui de toute candidature en faisant observer que lui, Julien Labruyère, comme suppléant de juge de paix, n'était point assujetti au service de la Garde nationale, et qu'il en était de même de Paul Eudel en sa qualité de consul d'une puissance étrangère, mais qu'ils n'en continueraient pas moins à faire partie de l'artillerie comme simples artilleurs. »

Cette déclaration fut assez bien accueillie par l'Assemblée.

Le président résuma le discours de Julien Labruyère et donna de nouvelles explications sur la nature des devoirs et des connaissances nécessaires aux officiers d'artillerie. Mais plusieurs gardes nationaux prirent la parole pour demander que tous les officiers fussent choisis parmi les anciens élèves des écoles spéciales, ou, au moins, parmi les anciens sous-officiers de l'arme de l'artillerie.

Gaston Roy répondit à cette invite en déclaran que J. Labruyère et Paul Eudel, retirant leurs candidatures, il ne croyait pas pouvoir se séparer de ses amis et qu'il retirait également la sienne.

La réunion prenait une mauvaise tournure pour les opposants. Pierre Audet vint à leur aide en proposant à l'Assemblée de recommander, à la municipalité et à l'autorité compétente, les choix du baron de Ravisi, de J. Labruyère et de Paul Eudel comme chef d'escadron, capitaine adjudant-major et officier comptable, lorsque le moment serait venu.

Le baron de Ravisi remercia P. Audet de sa proposition, et l'Assemblée de la sympathie qu'elle lui témoignait. Mais il fallait, dit-il, de l'activité et du loisir pour organiser, instruire et commander la batterie. Sa santé, altérée par de longs services sur mer et aux colonies, ses fonctions publiques qui absorbaient tout son temps, ne le mettaient pas dans les conditions convenables pour un poste actif. Il témoignait ses légitimes regrets de ne pouvoir être autrement utile que dans le Conseil.

Quant à Julien Labruyère, il railla spirituellement l'auteur de la proposition. Il eut des mots exquis pour remercier P. Audet d'avoir réservé à Paul Eudel et à lui-même « des grades dont l'Assemblée n'avait pas le droit de disposer ». Or, ni lui ni Paul Eudel ne pouvaient accepter cette marque de sympathie platonique, car les grades qui leur étaient offerts n'étaient pas moins difficiles à remplir que ceux qui faisaient à ce moment même l'objet de l'élection.

Comme un des gardes présents, Coubard, ex-brigadier d'artillerie, lui demandait de revenir sur sa résolution, disant qu'il y avait dans l'Assemblée beaucoup de personnes qui le voulaient pour capitaine commandant la batterie, J. Labruyère déclara qu'il ne pouvait que persister dans sa résolution. C'était aux électeurs à se concerter pour faire le meilleur choix possible.

« Il ne faut pas se le dissimuler, ajouta-t-il, c'est une tâche lourde que de faire partie du cadre d'officiers.

« Savez-vous ce qui reste à faire ?

« Croyez-vous qu'après les élections les exercices puissent commencer immédiatement comme cela s'est pratiqué après la formation des cadres dans la Garde nationale ?

« Non, nos efforts persévérants n'ont pu tout achever. Le plus difficile n'est pas obtenu. Il faudra encore des canons pour la manœuvre, des chevaux et des harnais pour les traîner, des carabines et des sabres pour les artilleurs.

« Ceux que vous désignerez comme officiers devront prendre l'engagement de ne reculer devant aucune démarche auprès du maire, auprès du Conseil municipal. Qui sait même ? Un voyage à Bordeaux sera peut-être indispensable pour arracher au Gouvernement l'autorisation de disposer d'une partie du matériel de Voruz et d'Indret.

« Or, demander et obtenir des sacrifices d'argent

en ce moment des ministres et de la municipalité pour une garde sédentaire, c'est une tâche
lourde et difficile. »

Et J. Labruyère termina en disant que ces
réflexions présentées n'étaient pas pour décourager,
mais pour que chacun envisage froidement d'avance
les difficultés à résoudre et que l'on ne vienne pas,
plus tard, à reculer à cause d'obstacles imprévus.

A ces mots, un grand nombre de gardes nationaux s'écrièrent que dans l'opposition qu'ils avaient
faite à la candidature de J. Labruyère et à la
mienne, il n'y avait rien de personnel et qu'elle se
bornait à désirer des hommes spéciaux, connaissant au moins la pratique de l'artillerie.

De tous côtés on demanda à Gaston Roy de ne
pas retirer sa candidature.

Mais les trois organisateurs de la batterie d'artillerie restèrent, ce jour-là, étroitement unis, et ils
quittèrent la salle avant les élections préparatoires
pour qu'on ne pût les accuser d'avoir influencé
l'Assemblée.

Voici la liste qui fut proposée :

Capitaine : M. Gaston Roy, ancien élève de l'Ecole
Polytechnique.
Lieutenants :
M. Godefroy, ancien sous-officier d'artillerie, capi-
taine démissionnaire des mobilisés de Nantes ;
M. Brumauld Deshoulières, architecte.
Sous-lieutenant : M. Calvaillac.

Adjudant : M. Georges Durand-Gasselin, ex-employé à l'artillerie, chez M. Voruz.

Maréchaux des logis chefs :

M. Alexandre Bardon

M. Adrien Guibert, négociant, sergent de la Garde nationale

M. Pierre Audet.

Maréchaux des logis fourriers :

M. Edouard Corhumel

M. Tremblay, ex-fourrier au 97ᵉ de ligne

Maréchaux des logis :

M. Coubart, ex-brigadier d'artillerie

M. Peignon, ex-brigadier d'artillerie

M. Armange, capitaine au long-cours

M. Giraudeau, sergent de la Garde nationale

M. Coquard, ancien canonnier

M. Habrioux, caporal de la Garde nationale

M. Jean-Stanislas Victor, ex-brigadier d'artillerie de la Garde

M. Boutin, membre du Comité d'organisation

M. Hippolyte Durand-Gasselin, sergent de la Garde nationale

M. Delplante, ouvrier de batterie dans l'artillerie de l'ex-garde

M. Auguste Leroy, ancien canonnier

M. Masselin, élève de l'Ecole centrale

M. Auguste Cressac, ajusteur-tourneur sur métaux.

Brigadiers :

M. Cunonneau, ancien pointeur breveté

M. Auguste Gautier, maître ouvrier d'artillerie de marine

M. **Guiberteau**, ancien maître ouvrier d'artillerie

M. **Dion**, ancien maréchal des logis d'artillerie

M. **Jamonneau**, ancien pointeur breveté

M. **Autefray**, ancien artilleur

M. **Privart**, ancien brigadier sellier d'artillerie

M. **Bonsergent**, sellier-bourrelier

M. Alcide **Pinoul**, ancien artilleur

M. **Massart**

M. **Leboterf**, commis négociant

M. **Sarradin** fils

M. **Legourrierec**, professeur de mathématiques.

Nulle autre candidature n'ayant été présentée, le bureau, après lecture des noms des candidats proposés pour les différents grades à élire, déclara que le procès-verbal de la séance serait remis au colonel de la légion. Le président leva la séance en faisant observer que de nouvelles candidatures avaient le droit de se produire jusqu'au dernier moment.

La recommandation fut superflue, car la liste de l'*Union Démocratique*, distribuée aux électeurs, le 12 janvier, ne contint que des noms proposés à la réunion préparatoire. Quant à la liste du *Phare de la Loire* elle portait, comme de juste, les noms des deux organisateurs rejetés par l'assemblée, et quatre ou cinq candidats nouveaux, choisis parmi les membres du premier Comité. Tous les autres noms étaient d'anciens artilleurs portés à la fois sur les deux listes.

Au bas de la liste du Comité d'organisation, on pouvait lire ces quelques lignes :

« Malgré le retrait de leurs candidatures par MM. Labruyère et Eudel, les soussignés croient devoir conserver leurs suffrages à ces Messieurs et les maintiendront sur la liste. En effet, il leur semble souverainement injuste que ceux qui ont été les organisateurs et pour mieux dire les fondateurs de l'artillerie à Nantes, qui, depuis deux mois, consacrent leur temps et leurs soins à cette œuvre patriotique soient écartés au dernier moment, alors que leur influence et leur bonne volonté sont encore si nécessaires pour arriver à une organisation définitive. Ils espèrent que de nombreux adhérents partageront leur manière de voir.

> E. BOUTIN, HABRIOUX, BATI, COQUARD, ancien artilleur, DAGUIN, GUIBERTEAU, A. CARRÉ.

Voici, d'ailleurs, la composition complète des deux listes rivales.

ÉLECTIONS DU 12 JANVIER 1871

1ʳᵉ Batterie d'Artillerie

Capitaine :

M. LABRUYÈRE, Julien, membre de la Commission d'organisation ;

Lieutenant en 1ᵉʳ :

M. ROY, Gaston, ancien élève de l'Ecole Polytechnique.

Lieutenant en 2° :

M. EUDEL, Paul, membre de la Commission d'organisation.

Lieutenant :

M. GODEFROY, ex-maréchal des logis d'artillerie.

Adjudant :

M. BRAUD, ex-maréchal des logis d'artillerie.

Maréchal des logis chef :

M. BARDON, Alexandre, fourrier dans la Garde nationale ;

Maréchal des logis fourrier :

M. CORHUMEL, Edouard ;

Maréchaux des logis :

M. COUBART, ex-brigadier d'artillerie ;

M. BÉTHUNE, capitaine au long-cours ;

M. ARMANGE, capitaine au long-cours, sous-lieutenant de la Garde nationale ;

M. GIRAUDEAU, sergent de la Garde nationale ;

M. HABRIOUX, caporal de la Garde nationale ;

M. COQUARD, ancien canonnier ;

M. BOUTIN, membre du Comité d'organisation ;

M. DURAND-GASSELIN, Hippolyte, sergent de la Garde nationale.

Brigadiers :

M. BONSERGENT, bourrelier.

M. CUNONNEAU, ancien pointeur breveté ;

M. LEFEBVRE ;

M. GUIBERTEAU, ancien canonnier ;

M. SARRADIN fils ;

M. JAMONEAU, ancien chef de pièce ;

M. PIVART, ancien brigadier sellier d'artillerie.

Liste de l'Union Démocratique

ÉLECTIONS DU JEUDI 12 JANVIER 1872

à 7 heures 1/2, à la Mairie

Capitaine :

M. Gaston Roy, élève de l'Ecole Polytechnique.

1ᵉʳ lieutenant :

M. Godefroy, ancien sous-officier d'artillerie ;

M. Brumaut-Deshoulière, arch., ancien officier.

2ᵉ lieutenant :

M. Cavaillac, ex-sous-officier d'artillerie.

Adjudant :

M. Georges Durand-Gasselin.

Maréchal des logis chef :

M. A. Guibert, négociant, sergent de la Garde nationale ;

Maréchal des logis fourrier :

M. A. Maréchal ;

Maréchaux des logis :

M. Peignon, ex-brigadier ;

M. Armange, capitaine au long-cours ;

M. Giraudeau, ex-sous-officier ;

M. Coquard, ancien canonnier ;

M. Victor, Stanislas, sous-brigadier ;

M. Durand-Gasselin, sous-brigadier ;

M. Leroy, Aug., ancien canonnier ;

M. Masselin, ancien artilleur ;

Brigadiers :

M. Cunonneau, ancien pointeur cˡᵉ.

M. Gautier, ouvrier d'artillerie ;

M. Guiberteau ;

M. Dion, ancien maréchal des logis ;

M. Jamoneau, pointeur ;

M. Autefray, ancien artilleur ;

M. Privart, ancien brigadier ;

M. Bonsergent, sellier.

Le 12 janvier, le scrutin désigna Gaston Roy comme capitaine de la batterie d'Artillerie. Il refusa d'abord obstinément ce grade, comme il en avait pris l'engagement. Mais, cédant à de pressantes sollicitations, et sans doute aussi flatté de l'honneur que lui faisaient ses concitoyens, Gaston Roy demanda loyalement à ses amis s'ils consentaient à lui rendre sa parole. Les organisateurs de la batterie d'artillerie s'empressèrent, dans l'intérêt général, de relever leur collègue de toute solidarité. Ils insistèrent même pour qu'il acceptât. Quant à eux, découragés de voir, au moment du danger national, tant de manœuvres contre l'œuvre qu'il avaient si péniblement édifiée, ils envoyèrent leur démission au colonel de la Légion.

« Nantes, le 14 janvier 1871.

« A Monsieur le Colonel Doré.

« Colonel,

« J'ai l'honneur de vous prier de me faire rayer de la première batterie d'artillerie.

« Je désire me retirer de cette organisation qui m'avait tant occupé jusqu'ici et reporter mon dévouement patriotique vers d'autres travaux.

« Je ne puis, Colonel, que vous remercier de la bienveillance que vous m'avez toujours témoignée pendant que, sous votre direction, mon ami Labruyère et moi nous unissions nos efforts pour amener la formation si utile à la défense, de l'artillerie dans la Garde Nationale de Nantes.

« Veuillez agréer, Colonel, l'assurance de mes sentiments distingués.

Paul EUDEL. »

Le 15 janvier eurent lieu les élections complémentaires. GODEFROY et BRUMEAULT-DESHOULIÈRES furent nommés lieutenants en premier ;

CALVAILLAC, lieutenant en deuxième ;

DURAND-GASSELIN, adjudant ;

GUIBERT, maréchal des logis chef ;

TREMBLAY, maréchal des logis fourrier ;

VICTOR, PEIGNON, COQUARD, LEROY, COUBARD, MASSELIN, DELPLANQUE, ARMANGE, maréchaux des logis ;

CUNONNEAU, GAUTIER, JAMONNEAU, AUTEFRAY, PRIVARD, DIDION, GUIBERTEAU, PINOUL, brigadiers.

Quatre jours plus tard, L. Labruyère et moi nous déposions sur le bureau du Comité républicain la proposition suivante :

« Nous proposons de former avec les membres du Comité, sans exception de position ni d'âge, une compagnie de volontaires, donnant le bon exemple du patriotisme à notre cité et sachant, au besoin, montrer que les républicains savent, s'il le faut, mourir pour la défense du pays.

Paul Eudel, J. Labruyère, E. Mangin, Bordillon, Lévêque, Dubas. »

Les élus du 15 janvier n'eurent pas le temps d'user leurs galons. Le 29 janvier, une dépêche du Gouvernement de la Défense nationale annonçait la signature de l'armistice et la capitulation de Paris.

La batterie d'artillerie fut dissoute avant d'avoir ses canons.

Paul EUDEL.

TABLE

—

CHAPITRE PREMIER

Pages

La Garde nationale de Nantes en novembre 1870. — Projet de création d'une artillerie nantaise. — Les premiers organisateurs. — Mauvais vouloir du préfet Guépin. — Autorisation du général de Kératry. — Première réunion du Comité d'organisation (1-27 novembre 1870)... 5

CHAPITRE II

Difficulté de recruter des artilleurs. — Liste des premiers adhérents. — Réunion à la salle d'hydrographie pour l'élection des cadres. — Ajournement du projet d'organisation. — Intervention du baron Textor de Ravisi. — Appui du préfet Fleury. — Rapport de J. Labruyère au Comité républicain. — Adoption du rapport et souscription pour l'achat d'un canon (28 novembre-5 décembre 1870) 21

CHAPITRE III

Projet Textor de Ravisi. — Utilité d'une artillerie nantaise. — Sa division en batteries mobilisables et en batteries sédentaires. — Personnel. Recrutement. — Habillement. — Appel au patriotisme nantais. — Nécessité d'un commencement d'exécution immédiat (7 décembre 1870) 43

CHAPITRE IV

La Municipalité se décide à agir. — Le colonel
Doré est chargé de la formation de l'artillerie
nantaise. — Composition du nouveau Comité
d'organisation. — Ses décisions. — Recrutement
des adhérents dans la Garde nationale. —
Noms des engagés. — Confection d'une liste
pour l'élection des cadres (7 décembre 1870-
8 janvier 1871)...........................   63

CHAPITRE V

Incident Durand-Gasselin. — Protestation de
l'Union démocratique. — Remise de l'élection.
— Réunion préparatoire du 10 janvier. —
Déclaration de J. Labruyère et de Paul Eudel.
— Liste provisoire de candidats. — Gaston Roy
se sépare de ses amis. — Elections du 12 et du
15 janvier. — Démissions de Paul Eudel et de
Julien Labruyère. — Proposition de former
une compagnie de volontaires avec tous les
membres du Comité républicain (8-19 janvier 1871)...............................   79

www.ingramcontent.com/pod-product-compliance
Ingram Content Group UK Ltd.
Pitfield, Milton Keynes, MK11 3LW, UK
UKHW020012100726
13658UKWH00002B/919